세계 33 국립공원 여행

세계 33 국립공원 여행

신용석 지음
기획 / 국립공원공단, 국립공원협회

수문출판사

인사말

위대한 자연에서 배우는 공존의 지혜, 그 생생한 기록을 펴내며

국립공원은 단순히 아름다운 풍경을 감상하는 곳을 넘어, 지구가 숨 쉬는 허파이자 뭇 생명들의 소중한 보금자리입니다. 기후 위기와 생물다양성 위기라는 전 지구적 과제 앞에서, 자연을 온전히 지키고 가꾸어 미래 세대에게 전해주는 일은 그 어느 때보다 막중한 사명이 되었습니다.

이 책, 『세계 33 국립공원 여행』은 우리 국립공원공단 레인저들이 전 세계의 국립공원 현장을 직접 발로 뛰며 기록한 땀과 열정의 결실입니다. 미국 옐로스톤의 광활한 대지에서부터 캐나다 밴프의 투명한 호수에 이르기까지, 레인저의 시선으로 포착한 세계 국립공원의 모습은 단순한 여행기를 넘어 자연과 인간이 어떻게 조화롭게 공존할 수 있는지에 대한 깊은 통찰을 담고 있습니다.

독자 여러분께서도 이 책을 통해 굳이 먼 길을 떠나지 않더라도 대자연의 경이로움을 생생하게 느끼시길 바랍니다. 아울러 세계 각국이 자연을 지키기 위해 쏟고 있는 치열한 노력과 그 속에 담긴 숭고한 가치를 함께 공감해 주신다면 더할 나위 없는 기쁨이겠습니다.

이 소중한 기록을 남기기 위해 낯선 타국에서 노고를 아끼지 않은 국립공원 레인저들과 국립공원협회, 그리고 책이 나오기까지 애써주신 모든 분께 깊은 감사의 마음을 전합니다.

국립공원공단은 이 책에 담긴 세계의 선진 사례들을 거울삼아, 우리의 국립공원을 더욱 품격 있고 아름다운 국민의 휴식처이자 생태계의 보고로 가꾸어 나가겠습니다.

감사합니다.

2025.12

국립공원공단 이사장 주대영

인사말

국립공원은 인간과 자연이 조화롭게 공존하는 공간입니다.
더욱 사랑해 주십시오.

자연은 인류의 삶을 품어주는 가장 근원적인 터전이자, 미래 세대에게 넘겨주어야 할 소중한 유산입니다. 그중에서 국립공원은 생태계의 보고이면서 자연 보호와 지속 가능한 이용의 조화를 상징하는 공간입니다.

이러한 국립공원의 가치와 아름다움을 널리 알리고자, 국립공원공단과 한국국립공원협회는 공동으로 『세계 33 국립공원 여행』 책자를 발간하게 되었습니다. 이 책은 세계의 대표적인 국립공원이 지닌 아름다움과 소중한 이야기를 담아낸 기록물입니다.

이 책에는 국립공원의 소중한 가치와 그것을 지키기 위해 헌신했던 사람들의 노력이 담겨 있습니다. 이 책의 사진 한 장 한 장은 국립공원이 인간과 자연이 조화롭게 공존하는 공간으로서의 중요성을 되새기게 합니다.

모쪼록 이 책을 통해 많은 분들이 국립공원의 중요성과 역할에 대해 더욱 공감해 주시길 바랍니다. 나아가 우리의 자연을 더욱 사랑하고 보호하는 데에 더욱 많은 관심과 참여의 계기가 되길 바랍니다.

이 책 발간에 적극 힘써주신 국립공원공단 임직원과 국립공원협회 집행부 여러분께 깊이 감사드립니다. 저자와 출판사 관계자에게도 감사의 말씀을 드립니다.

앞으로도 저희 한국국립공원협회는 국립공원 보호와 지속적인 발전에 더욱 노력하겠습니다.

감사합니다.

2025.12

한국국립공원협회 회장 박기연

머리말

이 아름다운 대자연을 누구나 즐길 수 있게 보호해야 합니다! 맞아요! 국립공원으로 지정합시다!

미국 서부의 경이로운 대자연을 탐험하던 사람들이 이렇게 외침으로써, 1872년 세계 최초의 옐로스톤 국립공원이 지정되었다. 아름다운 풍경과 생태계를 보호하면서 동시에 모든 사람이 즐기게 하자는 이 발상은 전 세계로 퍼져나가 현재 지구에 약 3,200곳의 국립공원과 30만 곳의 보호지역이 지정되어 있다.

우리 지리산이 이렇게 망가지고 있는 것을 두고 볼 수 없습니다! 국립공원으로 지정해서 보호해야 합니다!

우리나라는 금수강산으로 불렸을 만큼 빼어난 자연풍경을 자랑하고 있었다. 호랑이 전설이 많을 만큼 야생동물도 많았다. 그러나 일제강점기의 자연 수탈과 한국전쟁, 이후의 사회 혼란과 경제개발로 전국의 산하는 훼손과 오염으로 신음했다.

이에 우리도 국립공원을 지정하여 자연도 보호하고 관광객도 유치하자는 지역의 요구가 간절했다. 구례 군민들이 자발적으로 성금을 모아 국립공원 지정 운동을 했다. 이를 정부가 받아들여 1967년 지리산이 최초의 국립공원으로 지정된 이래, 현재 우리나라에는 24곳의 국립공원을 비롯한 약 3,400곳의 보호지역이 지정되어 있다.

그러나, '잘 보살피자고 지정한 국립공원이 잘 보호되고 있는가?'에 대해서는 사람마다 답이 다르다. '보전이냐, 이용이냐'의 갈등이 가장 첨예한 곳이 국립공원이다. 보호해야 할 생물과 풍경도 많고, 이용하는 사람도 많고, 그곳에 살고 있는 사람도 있기 때문이다. 그래서 조화와 공존의 지혜가 필요하다. 이미 많은 것을 상실한 자연에게 사람의 배려가 필요하다.

개발되고 도시화 된 시대에서 국립공원은 지구의 뭇 생명들이 안전하고 자유롭게 살 수 있는 마지막 터전이다. 국립공원만큼은 초록 숲과 푸른 바다를 온전하게 보전해서, 사람에게도 생물들에게도 평화와 즐거움을 주어야 한다.

특히 현재의 생물다양성 위기, 기후위기, 환경재난, 인간성 상실의 시대에서 국립공원을 비롯한 자연의 소중함은 아무리 강조해도 지나치지 않다. 자연이 사라진 삭막한 세계에서는 사람도 제대로 살 수 없다.

자연의 중요성이 어느 때보다 강조되는 시기에 세계의 국립공원을 소개하는 기회를 갖게 되어 큰 영광으로 생각한다. 우리나라 국립공원의 산과 바다에서 헌신하고 있는 현직·전직 레인저들이 세계의 국립공원을 답사하며 찍었던 사진에 글을 붙였다. 국립공원을 사랑하는 지인들이, 그리고 세계의 여행자들이 흔쾌히 제공해 준 사진도 적지 않다. 사진 중 일부는 인터넷 사이트에서 구매하거나, 출처에 동의를 구해서 가져왔다. 도와주신 모든 분들께 감사드린다.

이 책을 펴내는 데에 큰 도움을 주신 국립공원공단 임직원과 국립공원협회 회원 여러분께 깊이 감사드린다. 어려운 여건에서도 책 출간을 해주신 이수용 수문출판사 대표님과 소설가 이종은님께도 깊은 감사의 말씀을 드린다. 삶의 버팀목이 되어주신 어머님과 사랑하는 가족들에게도 인사를 전한다.

이 책을 통해 더욱 많은 분들이 국립공원의 아름다움에 감동하면서, 세계의 자연과 생물들을, 풍경과 문화를 더욱 사랑하게 되기를 바란다. 독자들의 따듯한 마음과 슬기로운 지혜가 모아져 우리의, 세계의 국립공원이 더욱 생명력 있게 지켜지기를 바란다. 아름다운 별 지구에서 국립공원 별빛이 더욱 초롱초롱하게 빛나길 소망한다.

2025년 12월

신용석

차례

일러두기

1. 33극의 33개 국립공원 + 11개 국립공원, 7개 명소를 정리

   국제자연보전연맹(IUCN)의 통계(protectedplanet.net)에 의하면 2025년 현재 세계의 보호지역은 약 304,000개이다. 그중에서 '넓은 면적과 풍부한 생태계를 가진 자연으로서 보전 · 휴양 · 교육 · 과학적 목적으로 지정'이라는 국제적 기준에 부합하는 '국립공원 유형(Category II)'은 약 6,700개이다.

   이 중에서 정확하게 '국립공원(National Park)'이라는 명칭을 사용하고 있는 곳은 약 3,200개이다. 국제자연보전연맹의 기준과는 상관 없이, 관광브랜드로서 '국립공원'이라는 타이틀을 사용하고 있는 나라도 많다.

   이 책에는 33개국의 33개 국립공원을 소개하면서, 덧붙여 꼭 소개해야 할 18개 명소를 추가하여 '33개국의 44개 국립공원, 7개 명소'에 대한 글과 사진을 수록했다.

   왜 33개국인가? 국립공원의 숲이 울창해서 삼삼(森森)하고, 순 우리밀로 '삼삼(33)하다'는 '무척 매력적'이라는 뉘앙스가 있다. 우리나라 '국립공원의 날'이 3월 3일이기도 하다.

2. 사진 출처 표기

   모든 사진에는 작가 또는 제공자를 표기(©)했다. 인터넷 사이트에서 확보한 사진 중 작가를 확인할 수 없는 사진은 출처를 표기했다. 표기가 되어 있지 않은 사진은 필자 또는 국립공원 YB가 제공한 사진이다.

3. 괄호 등 표기

   특정 공원과 장소의 면적 · 길이 · 높이, 인용한 문장의 출처 등을 소괄호( )에 넣어 표기했다.

   한글과 영어 또는 한자를 함께 써야 할 특정한 단어에는 화살괄호〈 〉, 또는 홑낫표「 」를 사용했다.

   인용문은 큰따옴표(" ") 안에 넣어 썼고, 특정 단어가 길거나 강조할 필요성이 있는 경우에는 작은따옴표(' ') 안에 넣어 썼다.

세계 33 국립공원

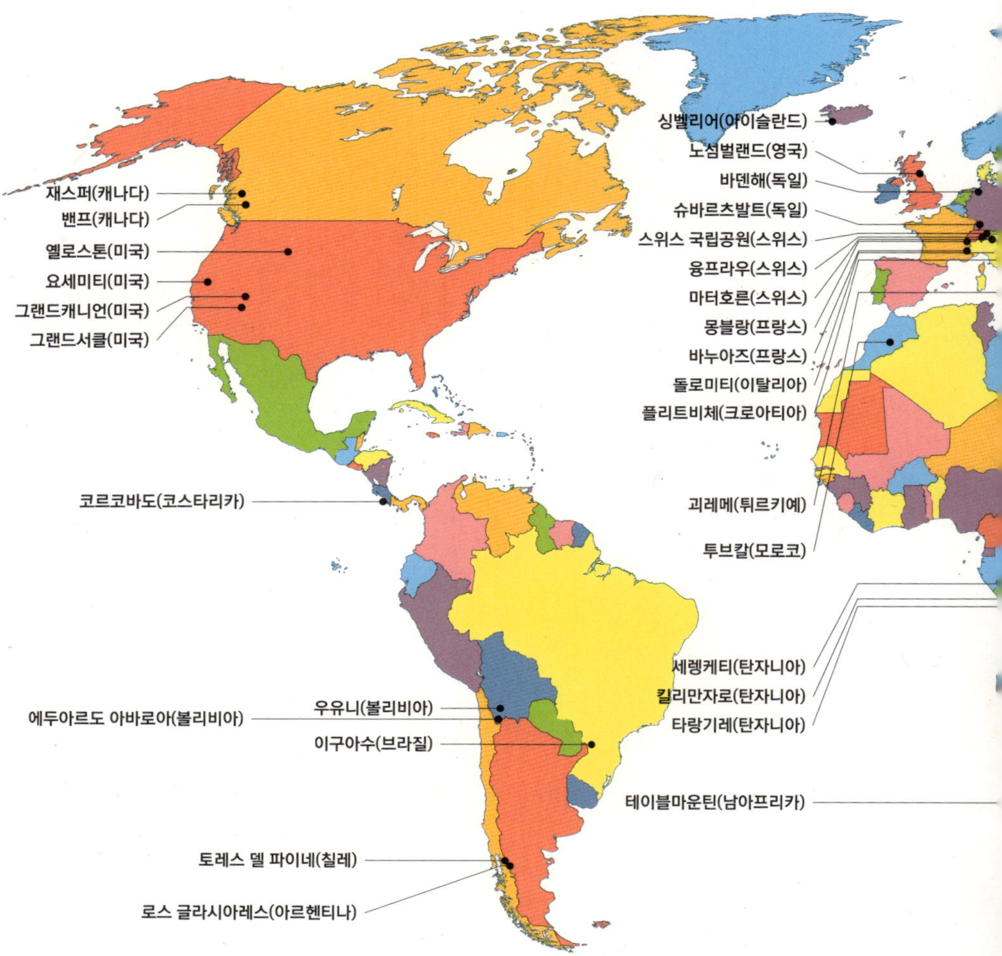
싱벨리어(아이슬란드)
노섬벌랜드(영국)
바덴해(독일)
슈바르츠발트(독일)
스위스 국립공원(스위스)
융프라우(스위스)
마터호른(스위스)
몽블랑(프랑스)
바누아즈(프랑스)
돌로미티(이탈리아)
플리트비체(크로아티아)
괴레메(튀르키예)
투브칼(모로코)
세렝케티(탄자니아)
킬리만자로(탄자니아)
타랑기레(탄자니아)
테이블마운틴(남아프리카)
재스퍼(캐나다)
밴프(캐나다)
옐로스톤(미국)
요세미티(미국)
그랜드캐니언(미국)
그랜드서클(미국)
코르코바도(코스타리카)
우유니(볼리비아)
에두아르도 아바로아(볼리비아)
이구아수(브라질)
토레스 델 파이네(칠레)
로스 글라시아레스(아르헨티나)

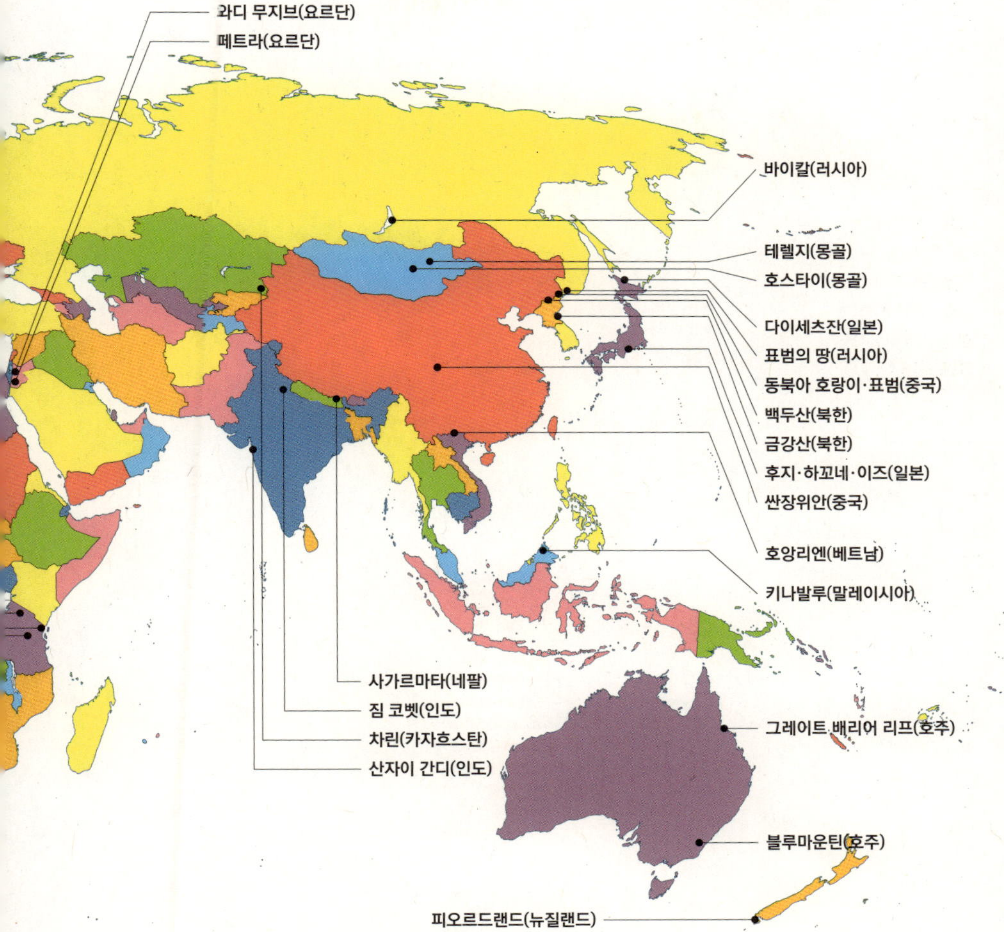
와디 무지브(요르단)
페트라(요르단)
바이칼(러시아)
테렐지(몽골)
호스타이(몽골)
다이세츠잔(일본)
표범의 땅(러시아)
동북아 호랑이·표범(중국)
백두산(북한)
금강산(북한)
후지·하꼬네·이즈(일본)
싼장위안(중국)
호앙리엔(베트남)
키나발루(말레이시아)
사가르마타(네팔)
짐 코벳(인도)
차린(카자흐스탄)
산자이 간디(인도)
그레이트 배리어 리프(호주)
블루마운틴(호주)
피오르드랜드(뉴질랜드)

1.

옐로스톤Yellowstone 국립공원

미국

지표가 부글부글 끓고 있는 '살아있는 지구'
30만 개 보호지역의 맨 앞에 선 세계 최초의 국립공원

옐로스톤 국립공원은 미국 서부의 와이오밍, 몬태나, 아이다호 3개 주의 경계에 위치하고, 그 면적은 8,991㎢로 충청남도보다 넓다. 이토록 드넓은 면적의 땅을 자본주의 사회인 미국에서 어떻게 국유화하여 국립공원으로 지정할 수 있었을까?

1865년 남북전쟁이 끝난 미국은 광활한 서부의 황야에서 인디언을 몰아내고 유럽에서 온 이민자들을 서부로 이주시키며 영토를 확장해 나갔다. 톰 크루즈가 주연한 영화 「파 앤드 어웨이Far and Away」에는 당시에 말을 타고 질주해서 먼저 깃발을 꽂아 자기 땅이라고 선언하는 장면이 생생하게 묘사되어 있다. 그런 그들도 쉽게 접근하지 못했던 땅이 있었는데, 그곳은 태초 이래로 원시적인 상태를 유지하고 있던 야생의 땅이었다. 그곳은 아직 고향을 떠나지 않은 용맹한 인디언들과 야생동물들의 삶터로서 죽음을 각오하고 들어서야 하는 지역이었다. 그래서 이주자들 앞에는 군대가 있었고, 군대 앞에는 탐험대원들이 있었다.

탐험대원 중 하나가 옐로스톤 지역을 탐사하면서 금방 지진이 난 것 같은 경이로운 자연현상과 장엄한 풍경에 놀라지 않을 수 없었다. 그래서 "이 아름다운 자연을 개인이 소유하면 안 된다. 누구나 즐길 수 있게 보호해야 한다!"라고 외치고, 이를 공론화하여, 마침내 미국 정부는 1872년에 이 지역을 세계 최초의 국립공원으로 선포했다.

옐로스톤의 그랜드캐니언

옐로스톤 국립공원을 대표하는 지형으로 그랜드캐니언 로어 폭포Lower Fall와 옐로스톤강을 꼽는다. 협곡의 양쪽 황금빛 바위와 흙 색깔에서 공원 이름인 'Yellowstone(노란 바위)'이 유래되었다. 옐로스톤 국립공원은 국가가 국민을 위해 지정한 세계 최초의 보호지역이다. © NPS

옐로스톤 1경은
황금빛 그랜드캐니언 계곡

옐로스톤Yellowstone은 '황금빛 돌덩이'라는 뜻이다. 옐로스톤 국립공원의 대표 경관인 그랜드캐니언 계곡에 가면 거대한 폭포 아래로 양쪽 절벽의 사면이 온통 황금빛으로 물들어 있는 지형을 볼 수 있다. 화산재에 함유된 황 성분 때문에 암석이 노란빛을 띤다.

필자가 이 협곡 아래의 옐로스톤강에 갔을 때 마침 큰 비가 내려 온통 황톳빛으로 넘실대는 급류가 천둥소리를 내며 질주하는 장관을 볼 수 있었다. 한 방울의 빗물이 떨어져 토양 알갱이를 터뜨리고, 그것들이 흐르고 모여서 거대한 강물이 되어, 온갖 것을 휩쓸고 흘러가는 모습은 자연의 행로이기도 하고, 인생의 행로로 보이기도 했다.

옐로스톤 2경은
화려colorful한 간헐천

옐로스톤은 '살아있는' 화산이다. 마그마가 지하수를 끓여 뜨거운 온천수를 뿜어대고, 진흙 반죽이 팥죽 끓듯이 부글부글하고, 지하의 수증기가 지표를 뚫고 압력밥솥 수증기처럼 쑥쑥 터져 나오는 모습은 한편은 신비롭고, 한편은 지옥 같은 장면이다. 이곳에 이런 지열 지질geothermal feature이 1만 개나 있다.

전 세계 간헐천geyser의 절반이 옐로스톤에 있는데, 최근에는 새 간헐천이 탐방로 옆에서 갑자기 분출되어 마치 폭탄이 터진 듯 아찔했던 사건도

1. 옐로스톤 국립공원

올드 페이스풀 간헐천 Old Faithful Geyser

옐로스톤은 살아있는 화산 지대다. 500개가 넘는 간헐천 중에서 가장 규모가 크고 유명한 것은 '오래된 선뢰'라는 뜻의 올드 페이스풀Old Faithful이다. 일정한 시간 간격(60~90분)으로 뜨거운 수증기와 물보라를 30~60m 높이로 분출시킨다. 기후변화로 지하수가 감소하면 분출수의 높이가 낮아질 우려가 있어, 하루라도 빨리 가보는 것이 좋다.

뜨거운 온천에도 생물이 산다

옐로스톤의 지하에서 마그마가 부글부글 끓으면서 데워진 뜨거운 물이 암석의 좁은 틈으로 분출된다. 사진에서 붉은 물질은 고온에서 사는 미생물thermophiles들이 퇴적된 것이다. 손을 담그기 어려운 뜨거운 물에서 미생물들이 생존한다니 놀라지 않을 수 없다. 온도에 따라 미생물들의 종류와 색깔이 달라 화려한 풍경을 보여준다.

있었다. 옐로스톤의 지하에는 아직도 거대한 마그마 층이 있어, 이 마그마가 다시 폭발한다면 미국은 물론, 전 세계가 화산재로 뒤덮여 지구생태계가 초토화될 것이라는 시나리오가 있다. 이 화산이 폭발할 확률은 1백만 분의 1이라고 어느 연구자가 말했다.

옐로스톤 3경은
광활한 구릉과 야생의 자연

옐로스톤은 수백 개의 산이 이어져 거대한 구릉처럼 보이는 해발 1,600~3,400m의 고원지대다. 지리산 면적의 19배에 달하는 고원의 대부분은 사람이 접근할 수 없는 야생 지역이다. 이곳에서 곰과 들소, 늑대 등의 포유동물과 1천 종 넘는 식물이 자유롭게 살고 있다. 미국인이 가장 사랑하는 야생동물은 들소bison, buffalo다. 들소는 미국인의 강인함과 역경을 극복하는 정신을 닮았다고 하여 "국가를 대표하는 포유동물National Mammal"로 지정되었다.

들소는 미국 서부에서 원래 수백만 마리가 서식했으나 목축업에 방해되고 사람에게 위협적이라는 이유로, 그리고 인디언의 식량이라는 이유로 대량 학살되어 1800년대 말에는 겨우 수백 마리만 남아 멸종위기에 처했다. 이후 들소를 되살리기 위한 강력한 보호정책을 폈지만, 현재 미국의 야생 들소는 겨우 1만 2천 마리에 불과하다. 그만큼 사라진 생태계를 복원하는 것은 어렵다.

옐로스톤 숲의 대부분은 뾰족뾰족한 로지폴 소나무lodgepole pine로 덮여 있는데, 이곳에 산불이 나면 송진이 타올라 금방 확산되는 사정이 우리나라 숲과 비슷하다. 미국 국립공원에서는 산불을 자연현상의 하나로 보아 사람 재산과 인명에 위협이 되지 않으면 크게 간섭하지 않는다. 산불이

나면 씨앗들이 싹을 틔워 다양한 식물들이 발생하고, 그에 따라 동물들의 먹이도 다양해져 숲 생태계를 풍성하게 한다는 논리다.

라마 계곡의 들소

들소는 곰, 늑대와 함께 옐로스톤 국립공원의 상징적인 야생동물이다. 그들의 충분한 서식지 확보를 위해서 미국 정부는 국립공원 면적보다 10배나 큰 광역 보호구역을 설정해서 '공원 바깥'을 관리하고 있다.

옐로스톤 탐방…
사전 지식과 예약이 필수

충청남도 면적의 옐로스톤 국립공원에 가서 하룻밤만 자고 나와 그곳을 다녀왔다고 말하기는 민망하다. 오고 가는 날 빼고 적어도 3일 이상은 다녀야 '코끼리 다리'를 조금 만져봤다고 말할 수 있다

옐로스톤을 되살린 늑대

늑대가 가축과 사람을 공격한다는 이유로 옐로스톤에서 멸종된 후, 전체 자연이 황폐화되었다. 사슴들이 폭발적으로 늘어나 풀과 나무뿌리까지 모두 먹어 치웠기 때문이다. 이에 따라 캐나다로부터 늑대를 도입하여 방사한 결과 사슴들의 숫자가 안정적으로 유지되어, 옐로스톤 국립공원은 다시 예전의 아름다운 생태계를 회복했다. © Agnieszka Bacal

옐로스톤 국립공원의 대표적인 명소는 그랜드캐니언과 옐로스톤강, 올드페이스풀 간헐천, 맘모스 온천, 옐로스톤 호수, 루즈벨트 컨트리(숲과 구릉) 등이다. 워낙 공원이 넓고 통제되는 장소가 많기 때문에 홈페이지에서 사전 지식을 득하고, 현지에 가서도 방문자센터에서 실시간 정보를 확인하며 다녀야 한다. 공원 내외의 숙소나 야영장을 이용하려면 몇 개월 전에 예약해야

옐로스톤의 탐방객들

커다란 배낭을 짊어진 여행자 옆으로 말을 탄 탐방객들이 지나가고 있다. 옐로스톤 국립공원에는 92개소의 탐방로 출입구trailhead, 1,609km에 달하는 탐방로hiking trail, 24km의 보드 탐방로boardwalk가 있다.

골치 아픈 레이크 송어

옐로스톤 호수에서 레이크 송어lake trout를 포획하고 있는 레인저들. 1890년에 방사한 외래종 레이크 송어가 본래 있던 컷스롯 송어cutthroat trout를 잡아먹으며 대량 번식했다. 그 결과 컷스롯 송어를 먹이로 삼던 물수리, 대머리독수리가 감소하고, 곰이 컷스롯 송어 대신에 엘크를 사냥하여 엘크의 숫자도 감소했다. 고유의 생태계를 보전하여야 하는 국립공원에서 외래종은 가장 골치 아픈 이슈다. © NPS

한다.

미국 국립공원에서는 도로와 탐방로 등 사람의 접근이 쉬운 곳을 프론트 컨트리Front Country, 그 외의 지역을 백 컨트리Back Country로 구분하는데, 공원의 99%를 차지하는 백 컨트리에 들어갈 때는 반드시 방문자센터나 레인저 근무처에 신고하여야 한다. 그러지 않으면 사고가 나도 구조할 수 없다. 모든 지역에서 밤에는 야생동물 출몰이 잦으므로 어두워지기 전에 숙소로 들어가는 것을 권한다.

옐로스톤 국립공원의 최고봉은 해발 3,462m의 이글 피크Eagle Peak다. 2024년에 이곳에 혼자 간 22살의 청년이 실종되었는데, 부모가 공개한 그의 노트에는 "인생은 아름답다. 어서 나가서 즐기자!Life is beautiful, Go out and live it"라고 적혀 있었다.

요세미티Yosemite 국립공원

엘로스톤을 최초의 국립공원으로 만든 최초의 주립공원

옐로스톤을 국립공원으로 만들었지만, 정작 자신은 보호받지 못한 요세미티

미국 최초의 국립공원은 옐로스톤이지만, 국립공원 제도의 마중물이 된 곳은 요세미티Yosemite다. 요세미티는 아름다운 화강암 산과 빙하 계곡, 거대한 세쿼이아 나무숲을 보호하기 위해 1864년 최초의 주립공원으로 지정되었다. 미국 최초로 '자연보호와 공공의 이용을 위해서' 지정된 요세미티의 '공원 정신'과 '공원 규칙'을 모델로 삼아 1872년 옐로스톤 국립공원이 지정되었다. 이후 요세미티 주립공원도, 국립공원의 아버지라 불리는 존 뮤어John Muir가 "국가 수준의 관리를 해야 한다."는 청원을 하여, 1890년에 국립공원으로 승격되었다.

위대한 경관과 생태계를 보호하기 위하여 국립공원으로 지정되었건만, 격렬한 논쟁 끝에 1923년 요세미티의 헤치헤치Hetch Hetch 계곡이 물에 잠겨 아름다운 풍경과 수많은 생물이 사라졌다. 샌프란시스코에 물을 공급하기 위해 댐을 건설한 것이다. 이 사건으로 국립공원을 보호하기 위해서는 더 강한 법률과 더 높은 환경 인식이 필요하다는 것을 깨달아, 요세미티는 환경운동의 발상지가 되었다. 2025년 2월에는 국립공원의 전·현

터널 뷰에서 바라본 요세미티 계곡
요세미티의 세계로 들어가는 약 1.3km의 터널을 통과하면 바로 요세미티 계곡이 드넓게 펼쳐진 풍경을 맞는다. 누구나 "우와~" 하면서 가슴이 웅장해진다. 왼쪽의 거대한 화강암 바위는 엘 캐피탄El Capitan이고, 계곡의 가운데 끝에 반으로 쪼개진 하프 돔Half Dome이 희미하게 보인다. 계곡 오른쪽은 신부의 하얀 면사포같이 나부낀다는 브라이들 베일bridal veil 폭포. 요세미티는 미국 최초의 주립공원으로서 국립공원 제도가 탄생하는 데 마중물 역할을 했다. © Peter Bowers

마리포사 숲 Mariposa Grove
500그루 이상의 거대한 세쿼이아Giant Sequoia 나무들이 1,500~2,500년을 살고 있는 마리포사 숲. 이곳에는 30분에서 6시간에 이르는 다양한 탐방로가 있다. 이곳에 들어서면 누구나 거대한 자연에 동화되는 자신의 몸을 느낀다. 쭉쭉 뻗은 거목들이 내뿜는 청량한 산소와 짙은 향기를 들이키고, 나뭇잎을 흔드는 바람을 스치면서 온갖 동물들이 부스럭거리는 '숲 소리'를 듣는다. © Gilberto Mesquita, NPS

직 레인저들이 엘 캐피탄 절벽에 성조기를 거꾸로 매달아 트럼프 정부의 '국립공원 직원 감원'에 반대하는 시위를 했다.

빙하가 조각한 위대한 예술 작품

옐로스톤이 아무렇게나 빚어진 야성적인 경관이라면, 요세미티는 정성스럽게 조각된 예술 작품이다. 조각의 주인공은 빙하다. 거대한 빙하가 흘러내려 화강암을 깎아낸 U자 모양 계곡, 한쪽이 절벽이 된 봉우리들, 그곳으로 쏟아지는 폭포, 빙하가 녹아 흘러든 강과 호수가 요세미티라는 그림에 담겨 있다. 요세미티 국립공원은 옐로스톤, 그랜드캐니언과 함께 미국 서부의 3대 국립공원으로 꼽힌다.

요세미티의 뜻은 원주민 용어로 '살인자'다. 인디언을 쫓아내던 미국 군인들이 그들의 부족 이름을 묻자 "요세미티yosemite!"라는 답이 들렸다. 인디언들은 '살인자!'라고 했는데, 미군은 '회색곰grizzly bear'으로 알아들었다고 한다. 그래서 '요세미티'는 살인자와 곰, 두 가지 의미로 받아들여지는 헷갈리는misconception 단어다.(위키 백과사전)

요세미티에서 만난 국립공원 레전드
오른쪽. '미국 국립공원의 아버지'라 불리는 존 뮤어. 그는 요세미티를 비롯한 많은 자연을 국립공원으로 지정하는 데 기여했고, 요세미티에 댐이 들어서는 것을 반대하면서 자연보존의 중요성을 국민에게 알렸다.
왼쪽. 미국 역사에서 자연보호에 가장 큰 공헌을 한 대통령으로 평가받고 있는 시어도어 루스벨트. 그는 존 뮤어의 요청으로 요세미티 주립공원을 국립공원으로 승격시키고, 5개의 국립공원을 비롯한 60개의 보호지역을 지정했다. ©NPS

2.

그랜드캐니언 Grand Cayon 국립공원

미국

악! 소리 나는,
전 세계인들이 가장 가보고 싶어 하는 경이로운 대자연

미국의 경이로운 63개 국립공원 중에서 단 한 군데만 방문하라고 하면 어디를 택할 것인가? 가보지 않았어도 이미 그 명성을 알고 있는 그곳, 그랜드캐니언이라고 답하는 사람이 많을 것이다. 아무리 멋진 사진을 많이 보았더라도, 실제 눈 앞에 펼쳐진 장엄하고 파노라마와 같은 풍경을 보면 악! 하는 탄성을 내지르지 않을 수 없다. 겉에 줄줄이 드러난 퇴적층마다 수천만 년의 세월이 새겨진 모습을 보면 자신의 세월이 얼마나 미미한 것인지 깊은 생각에 젖지 않을 수 없다.

미국의 여행 작가 빌 브라이슨William McGuire "Bill" Bryson은 그랜드캐니언을 이렇게 묘사했다.

> "그랜드캐니언을 무덤덤하게 맞이할 사람은 없다. 이곳에 대해 얼마나 많은 이야기를 들어보았든, 막상 가보면 숨이 턱 막힌다. 당신의 정신은 그냥 닫혀 버리고, 세상에서 저토록 광대하고 저토록 아름다우며 저토록 고요한 곳이 있다는 데에 깊고 형용할 수 없는 경이만을 느끼며, 오랫동안 말도 숨도 잇지 못한 채 진공상태가 된다."
>
> (빌 브라이슨, 2009, 『발칙한 미국 횡단기』)

그랜드캐니언의 파노라마

장구한 세월이 만들어 낸 지상 최고의 풍경에 지구의 역사가 고스란히 담겨 있다. 지층의 철 성분이 산화되면서 붉은색, 주황색, 노란색 등의 화려한 색깔을 띠고 있다. 이 어마어마한 경관은 18억 년 동안 바다에 퇴적된 지층이 솟아오른 후, 빗물과 '세월'에 의해 무너져 내리면서 조각된 것이다. 언젠가는 다 무너져 평원이 될 것이다. © 송병용

이글Eagle **포인트와 스카이 워크**Sky Walk

그랜드캐니언의 서쪽 웨스트 림West Rim에 있는 전망대. 건너편 절벽에 독수리가 날개를 펼친 모습의 바위가 있어서 이글 포인트다. 아슬아슬한 바위 끝에 깎아지른 절벽이 있지만 안전시설은 없다. 야생적인 풍경을 유지하기 위해 안전은 자기 책임이다.

왼쪽에 인디언 원주민 단체가 운영하는 스카이 워크가 보인다. 지상 1.2km의 협곡에서 공중으로 21m 뻗어 나간 이 유리 전망대에 대해 설치 당시에 자연훼손 논란이 많았다. 가끔 사람이 떨어진다.

미국 최고의 국립공원은 그랜드캐니언

그랜드캐니언의 2024년 방문객은 약 500만 명으로, 이는 미국의 63개 국립공원 중 2위다. 1위는 동부의 그레이트 스모키 마운틴스Great Smoky Mountains 국립공원으로 약 1천2백만 명이 방문했다. 방문객 수, 자연경관, 생태계 등을 기준으로 평가한 종합 순위에서는 그랜드캐니언이 1위다.

방문자의 대부분은 접근성이 좋고 편익 시설이 집중된 사우스 림South Rim에 도착해서 우선 탐방안내소를 찾는다. 그곳에서 광활한 공원구역에 관한 현재 상황과 기상정보를 확인한 후, 주차장에서 5분 거리에 있는 매더 포인트Mather Point로 간다. 그랜드캐니언의 장대한 경관을 조망하는 곳이다. 여기서 내려다보는 붉은 계곡과 지층은 모두 '무너져 내린' 풍경이다.

사람들이 서 있는 지점도 무너지는 중이다. 거대한 산과 지층들을 올려다보는 것이 아니라 내려다보는 이 숨 막히는 경관은 어떻게 탄생했는가?

약 18억 년 동안 바다에 퇴적되었던 지층이 6천~7천만 년 전에 솟아올라 산맥과 고원이 되었고, 이후 약 6백만 년 동안 콜로라도강이 고원을 깎아내 오늘날의 깊은 강과 넓은 계곡이 되었다. 계곡 깊이는 1.5km에 이른다. 앞으로도 강은 더 깊어지고 더 넓어져, 남아있는 고원도 거의 함몰될 것이다. 지나간 역사가 미래를 상상하게 한다.

절벽에 새겨진 퇴적층 옆줄은 '지구의 나이테'다. 차곡차곡 쌓인 각 퇴적층의 물질을 분석하면 퇴적된 시대의 환경을 알 수 있다. 그랜드캐니언은 살아서 움직이는 지리 교과서, 역사 교과서다.

아름답지만,
안전사고 많고, 산불도 많은

그랜드캐니언에는 957km에 달하는 탐방로가 있다. 어느 탐방로 입구에 '내려가는 것은 자유지만, 올라오는 것을 보장할 수는 없음!'이라고 쓴 경고문이 있다. 계곡 바닥은 사막기후다. 무심코 깊이 내려갔다가 되돌아올 때 탈진하거나, 힘이 빠진 상태에서 미끄러지거나 추락하는 사고가 많다. 그랜드캐니언의 홈페이지에 나와 있는 안전 수칙은 다음과 같다.

"충분한 음식과 물, 이온 음료를 가져가세요. 한낮의 뜨거운 태양을 피해 오전 10시 이전에, 오후 4시 이후에 걸으세요. 그늘이 나오면 무조건 휴식하세요."

그럼에도 그랜드캐니언에서는 매년 250명 이상이 구조되고 있으며

선사시대의 식량 창고
콜로라도강에서 가까운 협곡의 절벽을 쪼아내 만든 동굴 공간. 그랜드캐니언에서 발견된, 가장 오래된 인간의 흔적은 약 12,000년 전의 것이다. 공원면적의 7.5%에 대한 조사 결과, 약 3,400개소의 거주 흔적ancestral sites이 발견되었다. © NPS

사망자도 종종, 지속적으로 발생하고 있다.

2025년 그랜드캐니언에는 큰 산불이 나서 대규모 면적의 산림이 불에 탔고, 문화유산으로서 가치가 높은 100년 된 산장이 불에 타는 등 막대한 피해를 봤다. 평소에 산불을 자연적인 현상으로 보아 소극적으로 대처했던 국립공원청에게 비판이 쏟아졌다. 산불은 새로운 숲을 태어나게 하는 동력이지만, 지구온난화로 날로 건조 해지고 있는 시대에서 산불 정책을 바꾸어야 하는 것 아닌지 국립공원청은 고민하고 있다.

지리산 면적의 10배!
그러나 그랜드캐니언은 너무 좁다!

그랜드캐니언 국립공원의 면적은 4,931㎢로 지리산 면적의 10배에 달한다. 그런데도 미국 정부는 2023년 그랜드캐니언 주변의 땅 4,046㎢를 국가 기념물National Monument로 지정했다. "그랜드캐니언 파라산트Parashant(고요한 땅)"라고 명명한 이 국가 기념물에는 20억 년의 지형 역사와 1만 년의 인디언 유적이 새겨져 있다. 바이든 대통령은 기념사에서 "이런 땅을 보존하는 것은 국가의 영혼에도 좋고 경제에도 좋다."고 말했다.

그랜드 서클Grand Circle

미국 서부영화를 보는 듯한 「와일드 와일드 웨스트Wild Wild West」

미국 서부의 장엄한 지형과 광활한 벌판들은 각각 다른 풍경과 경외감으로 감동을 준다. 그랜드캐니언을 중심으로 인근의 여러 국립공원과 명소들을 원을 그리며 돌아보는 코스를 '그랜드 서클Grand Circle'이라고 한다.

미국 서부의 3대 캐니언이라 불리는 그랜드캐니언Grand Canyon, 브라이스 캐니언Bryce Canyon, 자이언 캐니언Zion Canyon이 여기에 포함된다. 3대 캐니언은 각각 이미지가 다르다.

그랜드캐니언은 우주 스케일의 거대한 행성이고, 자이언 캐니언은 지구 스키일의 야성적인 지형이라면, 브라이스 캐니언은 세세하게 가공한 보석들을 빼곡하게 진열한 듯한 전시장 규모이다.

홍수가 지하의 사암을 파도 물결로 깎아내 컬러풀한 동굴을 조각해 낸 앤털로프 캐니언Antelope Canyon도 빠트릴 수 없는 명소다. 라스베이거스를 기점으로 그랜드 서클을 다녀오는 다양한 여행상품이 많다. 캠핑카를 임대해 자유롭게 다니는 로드 트립road trip도 권한다.

신이 빚은 브라이스 캐니언

거대한 야외 성당에 수천 개 촛불을 켠 모습이다. 각각의 촛대는 빗물과 얼음, 바람과 세월이 만들어 낸 자연의 걸작품이다. 특히 일출 때 찬란한 햇빛이 비치면 바위들이 스스로 빛을 내는 것과 같은 환상이 펼쳐진다. 정말 비현실적인 풍경 앞에서 입을 다물 수가 없다. © Filip Fuxa

모뉴먼트 밸리 Monument Valley

그랜드 서클의 한 곳인 모뉴먼트 밸리는 '기념비가 늘어서 있는 계곡'이라는 뜻이다.
황량한 콜로라도 고원에 우뚝우뚝 서 있는 거대한 붉은 바위들이 '기념비'처럼 보인다. 이곳은 미국 서부영화에서 가장 많이 나온 장소로, 지금 당장 존 웨인과 클린트 이스트우드가 시가를 물고 턱~ 나타날 것 같고, 엔니오 모리코네의 영화음악도 들리는 듯한 풍경이다. 톰 행크스가 주연한 영화 「포레스트 검프Forrest Gump」에서 주인공 포레스트가 달리기했던 곳이기도 하다. © Peter Burian

엔틸로프Entelope **캐니언**

어느 인디언 소녀가 엔틸로프 사슴을 찾아 헤매다가 이 협곡을 발견해서 '사슴 계곡'이라고 부른다. 갑자기 불어난 급류(물+모래+자갈)가 지하의 좁은 협곡을 통과하며 암석을 마모시켜 물결이 휘몰아치는 모양의 협곡 동굴을 만들었다. 암석에 포함된 철분이 산화되어 붉은빛, 핑크빛을 띤다. 과학적 설명보다는 '신의 마술'이라고 해야 알아 듣기 쉬울 것이다. © 김철

자이언 캐니언 국립공원의 내로우즈 Narrows **협곡**

자이언 캐니언의 버진Virgin강 양쪽 바위는 너무 단단해서 강물의 힘이 지하 방향으로만 작용하여 협곡이 계속 깊어지고 있다.

내로우즈는 이렇게 깊어진 좁은 협곡을 따라 도보로 가는 트레일trail이다. 물이 깊거나 물살이 강한 곳이 있어 스틱을 집고 가는 사람이 많다. 내로우즈(왕복 15.1km)를 다녀와야 자이언 캐니언 국립공원을 다녀온 것이라는 말이 있을 정도로 유명한 트레일이다.

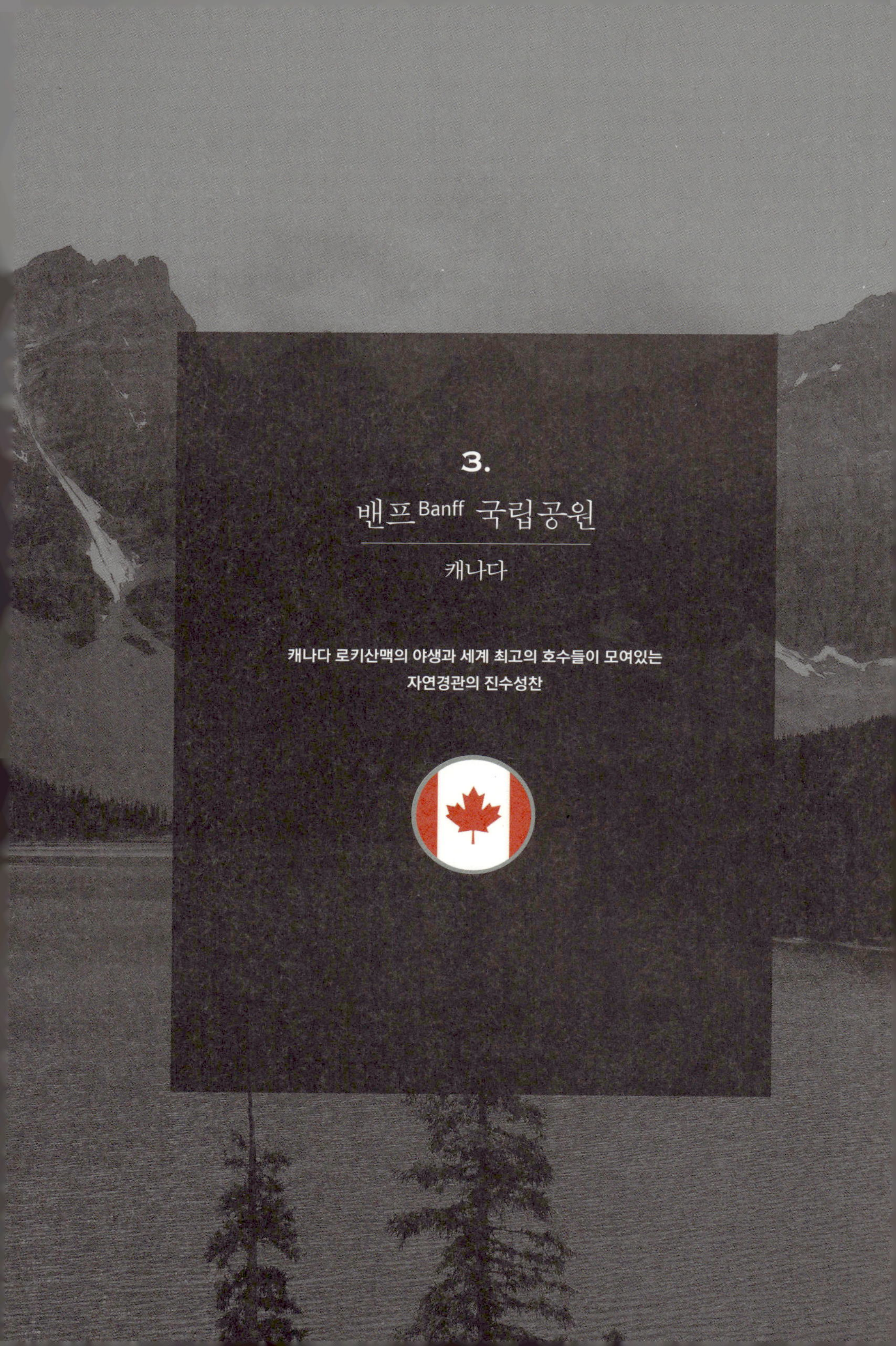

3.

밴프 Banff 국립공원

캐나다

캐나다 로키산맥의 야생과 세계 최고의 호수들이 모여있는
자연경관의 진수성찬

멕시코에서 알래스카에 이르는 남북 4,500㎞ 로키산맥의 중간에 캐나다의 첫 번째 국립공원인 밴프가 자리를 잡고 있다. 지리산의 14배에 달하는 6,641㎢에 달하는 면적에 최고봉은 해발 3,163m의 에일머[Mt.Aylmer]산이다.

37개 캐나다 국립공원을 대표하는 밴프 국립공원은 빙하와 만년설로 뒤덮인 높은 산, 바다에 있을 때 퇴적된 지층선이 뚜렷한 우람한 산마루, 빙하가 녹아 형성된 새파란 호수, 거칠게 흘러가는 계곡과 구불구불 유유한 강, 그리고 울창한 숲과 야생동물들로 자연경관의 진수를 보여주는 곳이다.

특히 밴프 타운에서 루이스 호수까지 48km의 파크웨이를 따라 이어져 있는 루이스 호수, 모레인 호수, 페이토 호수와 존스톤 계곡은 모두 '세계 최고'라고 할 만큼 제각각의 아름다움을 자랑한다.

밴프 국립공원의 탐방객은 매년 약 3백만 명이다. 거점도시인 밴프 타운은 도시가 자연에 미치는 영향을 최소화하기 위하여 상주인구를 1만 명으로 제한하고 있다. 즉 이 마을로 이사 가는 것은 매우 어렵다는 뜻이다. 건물을 증축하거나 리모델링할 때는 까다로운 지침이 있어 예스러운 도시 미관과 문화적 경관을 유지하도록 한다.

설퍼산에서 바라본 '밴프 파노라마'

거대한 바위산맥 사이로 빙하가 흘러내리면서 깎아낸 드넓은 계곡에 보우Bow강이 유유하게 흐르고 있다. 왼쪽의 캐스케이드산 밑에 밴프 타운이 있고, 오른쪽 위에 미네완카 호수가 보인다. 경관의 진수성찬이다. 밴프 국립공원은 캐나다 최초의, 캐나다를 대표하는 국립공원이다.

보우Bow**강과 매릴린 몬로**
멀리 로키산맥의 회색빛 봉우리들이 이어지는 가운데 보우강이 유유히 흐르고, 그 옆으로 철도와 도로가 달린다. 산과 강 사이는 전나무 숲이 바다처럼 펼쳐져 있다. / 보우강은 명화 「돌아오지 않는 강River of no return」의 무대다. 주인공 매릴린 먼로가 직접 부른 감미로운 노래는 지금도 유튜브에서 들을 수 있다. "사랑은 '돌아오지 않는 강'에서 흘러가는 여행자와 같아요. 휩쓸려 내려가 폭풍우가 몰아치는 바다로 사라져, 영원히 돌아오지 않지요…."

보석 같은 풍경으로
돈을 버는 국립공원

캐나다는 생태계와 경관을 기준으로 국토를 39개 자연 구역natural region으로 구분하고, 각 구역을 대표하는 1개 이상의 국립공원을 지정했다. 광활한 대륙에 고루 국립공원을 지정하여 다양한 자연을 보전하고, 멀리 오지까지 인구 분산을 유도하고 있다. 캐나다 국민은 그들의 아름다운 자연과 깨끗한 환경에 큰 자긍심을 갖고 있으며, 국립공원을 그들의 자연과 역사를 상징하는 곳이라고 생각한다.

캐나다 국립공원을 '쇼윈도 안에 전시된 보석'이라고 표현한다. 아름

밴프 국립공원의 야생동물들
엘크, 아메리카 흑곰, 사슴. 하루에 이 3종을 다 보았다. 대형 포유류들이 종종 도로나 탐방로 주변으로 나온다. 햇빛이 드는 곳에 먹이식물이 많기 때문이다. 동물도 사람도 서로 긴장하지만, 적당한 거리를 두고 떨어져 있으면 문제가 생기지 않는다.

다운 자연을 사람 손을 타지 않게 보호하면서도, 많은 관광객을 유치하여 경제적 효과를 얻는 전략을 비유한 표현이다. 캐나다 공원청Parks Canada은 공원에 어떤 시설을 설치하더라도 아름다운 자연과 조화되고, 향토적인 풍경을 거스르지 않는 '공원 기술'을 구현하고 있다. 또한 공원의 원주민을 존중하면서, 그들과의 협력을 통해 지역사회의 문화적, 경제적 발전을 도모하는 '공원 경영'을 하고 있다.

아이스필드 파크웨이Icefields Parkway …
세계 최고의 경관을 옆에 태우고 달리다!

밴프 국립공원의 루이스 호수 입구에서 로키산맥을 따라 재스퍼 국립공원까지 이어진 233km의 도로를 아이스필드 파크웨이라고 한다. 내셔널지오그래픽에서 세계 최고의 드라이브 코스로 선정한 곳으로, '아름다운 절경을 옆좌석에 태우고 달린다.'는 표현을 할 정도로 경이로운 풍경을 지나간다. 풍경에 몰입하다 사고 나기 쉽다.

루이스 호수 Lake Louise

캐나다-로키산맥의 아이콘이며, 세계에서 가장 우아한 호수로 불린다. 빙하가 흘러내린 물이 채워져 여름에도 10℃를 유지하고, 차가운 물을 좋아하는 송어가 산다. 물 빛깔은 청록색이다. 빙하가 바위를 긁어 만들어진 미세한 분말이 물에 녹아 청색과 녹색 이외의 빛을 모두 흡수해 청록색만 보인다. 겨울에는 스케이트장으로 변한다. © Georgiana Petec

밴프와 재스퍼의 경계인 해발 2천m 선왑타Sunwapta 고개를 넘으면 멀리 빙하에 덮인 고원 아래에 아이스필드 센터가 나온다. 그곳에서 면적 325㎢에 달하는 컬럼비아 빙원Columbia Icefield에 속한 애서배스카 빙하Athabasca Glacier를 바라본다. 거기에서 녹은 물이 강이 되어 태평양, 대서양, 북극해로 흘러간다. 그러나 지구온난화로 빙하가 줄어들면서 빙하 호수도, 강물도, 지하수도 줄어들고 있어, 생명의 원천인 물에 의존하는 자연과 사람의 앞날이 걱정된다.

재스퍼 국립공원으로 넘어가면 애서배스카강이 유유하게 흐르다가, 강물이 콸콸 내려꽂히는 여러 폭포를 만난다. 바위 협곡과 폭포의 다이내믹한 풍경을 정신없이 바라보다가, 바닥이 미끄러워 휘청거리는 사람

모레인 호수 Lake Moraine

'모레인 moraine'은 빙퇴석 氷堆石 즉, 빙하가 퇴적되어 만들어진 지형이란 뜻이다. 10개의 육중한 봉우리는 남성적이고 잔잔한 호수는 여성적으로 절묘한 조화다. 물빛은 코발트블루 cobalt blue 또는 크롬 그린 chrome green 으로 불린다. 물감 없이 붓만 가져가도 그림을 그릴 수 있지 않을까? 주변에 여러 개의 탐방로가 있는데 숲속으로 들어갈 때는 4명 이상이 함께 가라는 표지판이 있다. 커다란 회색곰을 만날 수도 있기 때문이다.

이 많다. 그곳의 안내판에 다음과 같이 쓰여있다. '아름다움과 위험은 항상 함께한다 Beauty and danger go hand in hand.'

아이스필드 파크웨이

도로 좌우의 로키산맥 풍경들이 그림책을 넘기듯, 영화 장면을 보듯 휙휙 지나간다. 전면에 보이는 산은 빙하와 눈에 덮인 재스퍼 국립공원. © Mumemories

재스퍼Jasper 국립공원

광활한 대자연 속에 보석처럼 빛나는 절경들

재스퍼 국립공원에는 꼭 가보아야 할 명소가 무궁무진하다. 케이블카 타고 휘슬러산Whistler 2,470m에 올라가 망망한 산맥과 벌판을 365도 내려다보기, 에디스 카벨Edith Cavell 트레일을 걸어 천사가 내려온 듯한 엔젤Angel 빙하의 얼음조각과 만나기, 총알 같은 폭포가 쏟아지는 멀라인Maligne 협곡 걷기, 멀라인 호수에서 유람선 타고 재스퍼 최고의 절경인 스피릿 아일랜드의 스피릿(영혼) 만나기 등은 꼭 체험해야 할 필수 코스다.

아이스필드 파크웨이를 드라이브하거나, 프랑스 시골에 온 듯한 재스퍼 타운에서의 산책과 맛집 체험도 오래 기억될 관광이다.

재스퍼 국립공원의 면적은 11,228㎢로 지리산의 23배에 달한다. 이렇게 큰 면적이면서도 주변의 국립공원과 지역공원Provincial Park들을 묶어서 전체적으로 23,000㎢의 보호지역을 형성하여 수백km를 오가는 야생동물들을 보호하고 있다. 이 드넓은 야생의 천국은 '캐나다 로키산맥 공원들Rocky Mountains Park'이라는 이름으로 세계 유산으로 등재되어 있다.

재스퍼 국립공원에서 해발 1,400m 이하의 낮은 산지는 전체 면적의 7%에 불과하다. 이런 좁은 지역에 도시와 마을, 도로가 집중되어 있고, 이

스피릿 아일랜드spirit island

캐나다 로키산맥에서 가장 넓은 멀라인 호수(20㎢)에서 유람선을 타고 30분쯤 가면 호수의 끝에 닿는다. 거기에 아름답다기보다는 경건하고 신비스러운 풍경이 나타난다.
육지에서 호수 쪽으로 뻗은 모래톱의 길목이 물에 살짝 잠겨 섬처럼 보인다. 여기에 서 있는 뾰족한 전나무 몇 그루와 잔잔한 호수, 새파란 물빛, 그리고 멀리 6개의 봉우리가 절묘한 조화를 보여주는 풍경이다. 경혼spirit을 움직이는 풍경이다. © Robert Dickinson

곳에 탐방객뿐만 아니라 많은 야생동물이 몰려든다. 야생동물도 햇빛과 물이 있어 생물다양성이 높은 저지대의 계곡을 좋아하기 때문이다. 그래서 공원의 어디를 가든 커다란 야생동물을 종종 만나게 된다.

빙하의 후퇴

애서배스카Athabasca 빙하. 원래는 아래 사진에도 빙하가 가득 차 있었으나, 지구온난화로 1844년 이후 현재까지 1.5km 이상이나 얼음 끝이 줄어들었다. 아래 사진의 끝에 1982년에는 여기가 빙하 끝이었다는 표지가 보인다. 지금도 매년 5m씩 빙하가 줄어들고 있다.

4.

코르코바도 Corcovado 국립공원

코스타리카

세계 생물다양성의 2.5%가 집중되어 있는
생태계의 보물창고

코스타리카는 북아메리카와 남아메리카 대륙을 잇는 '가느다란 중앙아메리카'의 남쪽에 자리 잡고 있다. 나라 이름이 '풍요로운 해안Coast rich'인 것과 같이 전 국토가 원시적인 자연이라고 할 만큼 자연환경이 잘 보전되어 있다.

우리나라의 절반쯤 되는 이 작은 나라에 미국과 캐나다의 생물종을 합한 것보다 더 많은 종류의 생물이 있고, 중앙아메리카 생물다양성의 75%가 집중되어 있다. 이런 우수한 자연을 보호하기 위하여 32개의 국립공원을 포함하여 국토 면적의 28%를 보호지역으로 지정했다.

코스타리카는 자연을 보전하면서도 경제의 기반으로 삼는 생태관광을 가장 중요한 국가정책으로 추진하고 있다.

지구에서 생물다양성이 가장 높은 곳

코르코바도 국립공원은 국토의 남서쪽 태평양 연안의 오사Osa 반도에 자리 잡고 있다. 코스타리카에서 가장 넓은 424㎢의 코르코바도 국립공원에는 13개의 다양한 식물생태계가 분포하고 있어 그만큼 생물다양성이 높다.

야생의 강과 원시림

4. 코르코바도 국립공원

하늘에서 본 코르코바도 국립공원의 강과 정글. 코르코바도 국립공원은 세계에서 생물다양성이 가장 풍부한 공원으로 꼽힌다. 수많은 멸종위기종의 서식처인 동시에 수많은 사람을 불러들이는 생태관광지이기도 하다. © Ondrej prosicky

금강앵무새Scarlet Macaw
코스타리카를 비롯한 중남미의 상록수 숲에서 산다. 수명은 50~60년으로 매우 길고, 지능이 높다. 일부일처제로 한번 맺은 짝과 죽을 때까지 함께 사는 새로 유명하다. 그러나 너무 예뻐서 마구 포획하여 애완용으로 판매되고 있다.
새장에 갇힌 새가 내는 소리를 사람은 '노래'로 듣겠지만, 새에게는 '슬픈 울음'일 것이다. © Benjamint444

벌새Hummingbird
벌처럼 공중에서 정지하여 꿀을 빨아 먹어 벌새라고 한다. 길이 5~10cm, 무게 2~3g의 아주 작은 새다. 작은 열매 크기와 비슷하다. 영어 이름에 노랫소리를 낸다는 허밍humming이 들어갔는데, 이는 1초에 수십 번 퍼덕이는 날갯짓에서 나는 소리다. © alittleofftrack.com

이 국립공원에는 500종의 나무, 150종 이상의 포유동물, 375종의 새, 40종의 민물어류, 160종의 양서·파충류, 10,000종의 곤충 등이 서식하고 있다. 이 숫자가 도대체 얼마의 가치를 갖고 있는 것일까? 지구의 0.001%에 불과한 면적에 지구 생물의 2.5%가 집중되어 있는 것이다. 내셔널 지오그래픽에서는 "지구에서 생물 다양성이 가장 집중된 지역"으로 평가하고 있다.

그러나 국립공원 지정 이전부터 행해졌던 광산 채굴, 삼림 벌채, 밀렵 등이 공원 경계에서 지속적으로 이루어지고 있으며, 관광객 증가로 인한 생태계 영향과 관광시설의 증가로 환경의 질이 점점 낮아지고 있다. 이에 따라 많은 생물이 멸종위기종으로 내몰리고 있어 코스타리카 정부를 긴장시키고 있다. 지역 주민들이 자연과 환경을 보전하는 대가로 그들에게 어떤 혜택을 주느냐가 관건이다.

맨몸으로 강을 건너는데 악어가!

코르코바도 국립공원의 야생 지역은 생물에게는 안전한 구역이지만, 사람에게는 아니다. 개울과 강을 맨몸으로 건너야 하는 곳이 많은데, 그곳은 악어가 서식하는 곳일 경우가 많다.

숲에는 재규어나 퓨마 같은 맹수도 많고, 바로 옆에 '험악하게 생긴' 동물이 보호색으로 위장하고 있는데 무심코 밟을 가능성도 많이 있다. 우기인 7~11월에는 홍수가 잦아 출입을 금지하는 구간이 많다.

허변을 걸을 때는 밀물과 썰물 시간을 정확히 인지하고 있어야 바다에 빠지지 않는다. 대중교통은 없고 어렴풋한 숲길에 이정표도 거의 없다. 따라서 공원에

그래뉼라 포이즌 개구리 Granular Poison Frog

코스타리카와 파나마에서만 발견되는 희귀종으로 열대우림의 저지대에 있는 낙엽층에서 서식한다. 크기는 20mm로 매우 작다. 피부에 미세한 돌기가 있고, 머리와 등허리는 밝은 오렌지색, 배 부분은 파란색을 띤다. 바깥으로 드러나는 피부의 밝은색은 천적에게 보내는 경고색이고, 공격을 당했을 때는 독을 분비한다.
서식지 상실로 개체수가 감소하여 멸종위기종으로 구분하고 있다. © alittleofftrack.com

맥 貘, Tapir

유제류有蹄類, Ungulate (발굽이 있는 포유류)로, 코와 윗입술이 길게 자란 모양이 '코가 잘린 코끼리' 모습이다. 멧돼지 크기의 초식동물로 남미와 동남아시아의 열대우림 지역에서 서식한다. 밀렵과 서식 환경 악화로 멸종위기종으로 지정되었다. © alittleofftrack.com

자연 깊숙이 들어가세요.

(왼쪽) 안내판에 "자연 깊숙이 들어가면 더 많은 것을 이해할 수 있어요."라고 쓰여 있다. (오른쪽) 자연 깊은 곳에서 지역 주민 가이더가 해설하고 있다. 코르코바도의 생태관광은 날것 그대로의 자연을 보여주면서 지역 주민들의 삶의 방식을 교감하게 한다. 환경보호를 위해 탐방객도 주민도 일회용품을 쓰지 않는다.

나무늘보 Sloth

열대우림의 나무 위에서 느릿느릿 행동하고 하루에 15시간 이상을 자기 때문에 나무늘보라는 이름이 지어졌다. 다른 나라에서 부르는 이름도 게으름뱅이, 나태한 동물이라는 의미를 지녔다. 주로 나뭇잎이나 곤충을 먹는데 근육량이 적고 체중도 가벼워서 적은 양의 먹이를 먹고 오랫동안 소화시킨다. 1주일에 1회 정도 배설을 하기 위해 땅바닥에 내려온다.

들어가는 사람은 의무적으로 인증된 가이더와 동행하여야 한다.

뱀도 많고 모기도 많으며 여행비용도 만만치 않지만, 코르코바도 국립공원에 가야 할 이유는 차고 넘친다. 지구에서 원시적인 풍경과 야생 생물들이 때 묻지 않은 상태로 존재하는 몇 안 되는 곳이기 때문이다.

울창한 열대우림에 들어가면 수많은 야생동물이 오고 가는 숲에서 나도 동물의 하나로 오고 가고 있다는 것을 금방 느낄 수 있다. 나도 동물들을 구경하지만, 그들도 나를 구경한다. 문명화되지 않았던 먼 옛날에 커다란 동물들에게 쫓겨 다니던 인류의 모습이 그곳에 있다.

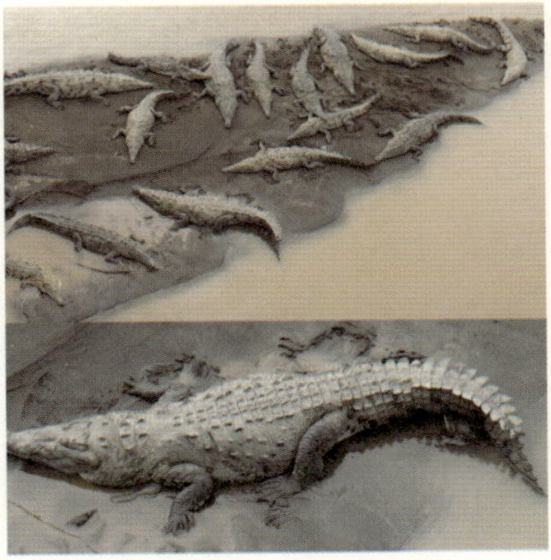

아메리칸 크로커다일 American Crocodile
악어하면 악어의 눈물이 생각난다. 악어가 먹이를 먹을 때 침샘이 자극되어 눈물을 흘리는데, 사람이 이를 가짜 눈물이라고 여긴 데서 나온 말이다. 악어가죽으로 핸드백이나 벨트를 만들어 크로커다일 종류 대부분은 멸종위기에 처해 있다. © 장정재, 카라라 국립공원

블랙 이구아나 Black spiny-tailed Iguana
몸통에 검은 색의 줄무늬가 있고, 긴 꼬리에 가시 같은 것이 돋아나 있어(spiny-tailed) 위급할 때 꼬리를 휘두른다. © 장정재, 마누엘 안토니오 국립공원.

5.

토레스 델 파이네Torres del Paine 국립공원

칠레

걷기를 좋아하는 사람이라면 누구나 동경하는
최고의 트레킹 성지

자연에 푹 빠져 걸으면서 보는, 세상에서 가장 아름다운 풍경이 있는 산은 어디일까? 그중 하나로 '신들의 정원'이라 부르는 토레스 델 파이네 Torres del Paine 국립공원을 꼽는 데 주저할 사람은 없다. 30여 개의 국립공원이 저마다의 아름다움을 자랑하고 있는 파타고니아 지역에서 단 하나의 국립공원을 뽑으라 해도 토레스 델 파이네에 가장 많은 표가 갈 것이다. 내셔널 지오그래픽에서 '죽기 전에 꼭 보아야 할 10대 낙원'의 하나로도 선정된 바 있다.

공원의 여러 지점에서 토레스 델 파이네의 전체 골격이 조망된다. 하늘을 향해 우뚝 솟은 화강암 봉우리들은 마치 신이 도끼로 찍어서 갈라놓은 절벽처럼 다이내믹하다. 그 아래에 빙하가 녹아 흘러든 새파란 호수마다 웅장한 산체山體가 반영되어 수채화 같은 풍경이 펼쳐진다.

산은 고요하고 물결은 잔잔하지만 보는 이의 심장은 두근두근하고, 풍경의 감동이 보는 이의 가슴에 깊은 자국을 남긴다. 떨어지지 않는 발걸음을 옮기며 뒤돌아보면, 거기에 '푸르스름한 탑'이라는 이름처럼 고독한 표정의 토레스 델 파이네 봉우리들이 고고하게 서 있다.

토레스 델 파이네의 위용

페오에Pehoe 호수 위에 내려앉은 우주의 성채! 아무리 신의 작품이라 해도 어쩌면 저렇게 다이내믹하고 스펙터클할 수 있을까! 풍경은 고요한데 가슴은 계속 쿵쿵! 거린다. 페오에 호수의 물빛은 또 어떤가? 호수에 하늘빛이 비친 게 아니라, 호숫물에 파란 물감이 짙게 풀어진 듯하여 한 줌 떠보았으나, 투명할 뿐이다. 어떻게 된 것일까? © Lukasz Novaki

토레스 델 파이네의 겨울

한국의 여름은 남미의 겨울이다. 눈 덮인 산에 구름이 일어 산체山體를 보여주지 않았다가, 잠깐 구름을 열어 우람한 바위 봉우리들을 알현하게 한다. 이름 그대로 푸르스름한 기운이 가득하다. 넋을 놓고 있으니 산은 곧 다시 구름에 잠긴다. 하늘에서 내려왔을까, 하늘로 올라가려는 것일까, 천공天空의 산이다.

'걷기만 하면' 만나는 환상적인 풍경

토레스 델 파이네의 장거리 트레일은 공원의 남쪽을 W 형태로 걷는 80km의 W 코스와 공원을 한 바퀴 도는 130km의 서킷circuit 코스가 있다. 가장 많은 사람들이 찾는 W 코스는 5일, 걷기 매니어mania들이 찾는 서킷 코스는 10일쯤 걸린다.

배후도시인 푸에르토 나탈레스에서 출발하는 당일 투어와 2~3일 여행상품도 많다. 트레일은 주요 명소와 전망대를 잇고 있어 '걷기만 하면' 환상적인 풍경을 만난다.

산 아래는 옥빛, 에메랄드빛 호수에 윤슬이 반짝거리고, 산 중간에는

초록 트레일, 화이트 트레일
산 아래는 초록 풀밭에 야생화가 흔들리는 여름, 산 중간은 햇빛에 잔설이 녹아내리는 봄, 그리고 산 정상은 빙하가 덮인 겨울이다. © 정주영

알프스 초원 같은 풀밭에 갖가지 야생화가 가득하다. 지나는 곳마다 이색적인 여행자들과 이국적인 야생동물들을 만난다. 산 위에는 회색 바위산이 대머리처럼 빛나거나 하얀 빙하를 구름모자처럼 쓴 겨울왕국이 펼쳐져 있다. W 코스의 동쪽 끝 꼭대기에, 토레스 델 파이네의 상징인 3개의 암봉이 로켓이 발사되기 직전처럼 솟구쳐 있다.

공원 입장료는 2025년 현재, 18세 이상 외국인 성인 기준 34달러, 3일 이상 체류는 50달러다. 장거리 트레일을 걸으려면 산장과 야영장을 예약해야 한다. 예약이 안 되어 있으면 트레일 입장이 불가하다. 산장과 텐트 숙소는 종류가 매우 다양하고, 무척 비싸다. 가기로 작정하였으면 우선 예약부터 해야 한다.

트레킹 적기는 건기이면서 해가 오래 떠 있는 12~3월이다. 5~8월은 기온이 낮고 눈이 많이 내려 모든 산장이 폐쇄된다.

세 개의 뿔 봉우리

북뿔의 토레 데 몬시노Torre de Monzino, 2,700m, 중앙뿔의 토레 데 센트럴Torre de Central, 2,800m, 동뿔의 토레 데 아고스티니Torre de Agostini, 2,850m. 이 '뿔 봉우리'들은 1,250만 년 전에 마그마가 솟구치면서 지표로 올라오다 굳은 화강암이다. 이후 지표가 무너지면서 겉으로 돌출되고, 비바람과 얼음에 의해 쪼개지고 부서지면서 오늘의 아름답고 숭고한 모습이 되었다. 저 바위 성 위에 신의 거처가 있을 것이다. © matt gross

파타고니아….
청정한 자연, 사나운 날씨

구아나코[Guanaco], 또는 과나꼬
페오에 호수 위 언덕에서 서성대는 구아나코. 파타고니아 일원의 초지에서 무리를 지어 서식한다. 낙타과에 속하지만 사슴에 가까운 날렵한 몸매에 얼굴이 유순하다. 구아나코가 많은 산에는 구아나코를 좋아하는 퓨마가 어슬렁거린다.

'토레스 델 파이네' 국립공원이 위치한 지역을 파타고니아[Patagonia]라고 부른다. 파타고니아는 남미의 남쪽 끝에서 칠레와 아르헨티나에 걸쳐 있는 지리적 범위를 일컫는 이름이다. 이 지역에는 안데스산맥의 고지대와 빙하, 호수, 초원, 사막, 그리고 태평양 해안과 피오르 등의 다양한 지형이 흩어져 있다. 이곳은 기온이 차갑고 바람이 매서우며 지형이 험해서 사람이 살기에는 부적합한 대신, 청정한 자연이 잘 보존되어 있다. 그래서 이 지역에 30여 개의 국립공원이 지정되어 있다.

'파타고니아'는 청정한 자연을 보호하는 데에 기부금을 많이 내는 아웃도어 브랜드 이름으로도 유명하다.

파타고니아의 날씨는 변화무쌍하다. 산과 하늘을 넘나들며 봉우리들을 감았다가 풀었다가 하는 구름과 안개가 야속하다. 비행기를 몇 번 갈아타고 먼 길을 돌아 돌아왔건만, 그토록 보고 싶었던 풍경이 구름과 안개에 가려 보일 듯 말 듯하면서 애간장을 태운다. 오래 기다릴 수 없는 여행자에게 방법은 한 가지다. 가슴속에 품어온 풍경을 현장에 펼쳐보는 것이다.

파타고니아 국립공원 Parque Patagonia
2018년, 톰킨스 보호재단은 서울시 면적의 7배에 달하는 약 40,000㎢의 토지를 칠레에 기증했다. 칠레 정부는 이 중 3,045㎢를 파타고니아 국립공원으로, 나머지 토지 일부는 기증자의 이름을 기려 '퓨말린 더글러스 톰킨스 국립공원 Pumalin Douglas Tompkins National Park'으로 지정했다. © ThomasHA

톰킨스 Tomkins 재단…. 지리산의 120배 육지, 다도해 국립공원의 50배 해양을 국립공원에 기증

가늘고 긴 나라 칠레는 남북 거리가 4,300km에 이르고, 국토 전체가 안데스산맥과 태평양에 접해 있으며, 북쪽 끝에는 사막, 남쪽 끝에는 빙하가 있는 등 매우 다양한 기후와 자연환경을 갖고 있다. 그런 국토의 특징을 반영하듯 우리나라 면적보다 넓은 132,068㎢에 달하는 42개의 국립공원이 지정되어 있다.

칠레의 국립공원을 이야기하면서 톰킨스 이야기를 하지 않을 수 없다. 아웃도어 회사인 노스페이스 창업주인 더글러스 톰킨스와 그의 부인 크리스틴 톰킨스가 〈톰킨스 보호재단 Tomkins Conservation〉을 설립했다. 이 재

라파누이 국립공원 Parque nacional Rapa Nui **의 모아이**moai **석상**

칠레 본토에서 3,700km 떨어진 태평양의 한 섬에 약 600개의 사람 모양 돌조각이 서 있다. 높이 4~5m의 이 조각물들은 라파누이족의 신격화된 조상으로 추정하고 있으며, 모두 내륙의 한 방향을 보고 서 있다.

부활절에 이 섬을 발견해서 이스터Easter섬이라 부르기도 하고, 조각물을 중심으로 섬의 일부를 라파누이 국립공원(71㎢)으로 지정했다. 산티아고 공항에서 약 5시간 걸린다. © 정혁진, Javier Pinochet

단은 자연환경이 우수하거나 황폐해진 토지를 사들여 '재야생화rewild'하고, 이를 국립공원으로 지정하는 조건으로 칠레와 아르헨티나 정부에 기증했다. 그렇게 지정되고 확장된 국립공원이 17개이고, 그 면적은 육지 약 60,000㎢, 해양 약 121,000㎢에 이른다.

산티아고에 비는 내리고

칠레의 수도 산티아고의 아리스마 광장에 비가 내리고 있다. 「산티아고에 비는 내리고Il Pleut Sur Santiago」라는 영화 제목이 있다. 낭만적인 어감이지만, 과거 칠레의 쿠데타 암호였는데, 산티아고에 비가 오면 곧 겨울이 온다는 전조였다고 하니 쿠데타 암호로는 적격이다.

군부독재가 오래 지속되었지만, 현재의 칠레는 남미에서 국민소득이 가장 높은 나라다.

6.

로스 글라시아레스Los Glaciares 국립공원

아르헨티나

세계 3대 미봉(美峰)과 명품 빙하를 품은
파타고니아의 진주

우리나라와 일본과의 관계가 그렇듯이, 국경을 접하고 있는 칠레와 아르헨티나도 오랜 분쟁과 갈등의 역사가 있다. 두 나라는 '누가 남미 최고의 명산을 갖고 있느냐?'로도 라이벌 관계에 있다. 즉 칠레는 세계적인 트레킹 성지인 '토레스 델 파이네' 국립공원을, 아르헨티나는 세계 3대 미봉으로 불리는 피츠로이산을 서로 남미 최고의 명산으로 내세우고 있다. 두 산을 잘 아는 산악인들이 투표하더라도 표 차이가 크게 나지 않을 것이다.

아르헨티나는 피츠로이산과 모레노 빙하를 묶어 글라시아레스 국립공원을 지정했다. 다행히도 두 국립공원은 가까이 붙어있어 두 명산을 이어서 하는 여행을 즐길 수 있다. 글라시아레스 국립공원의 거점도시 칼라파테에서 토레스 델 파이네 국립공원의 거점도시 푸에르토 나탈레스까지는 버스로 불과 6시간 거리다.

글라시아레스 국립공원은 지리산 면적의 15배(7,269㎢)에 달한다. 이름 글라시아르Glaciar가 빙하를 뜻하는 것처럼 공원은 수많은 설산과 빙하와 빙하 호수로 이루어져 있다.

글라시아레스 국립공원이 품고 있는 북쪽의 피츠로이산과 남쪽 끝의 모레노 빙하는 각각 별개의 국립공원으로 지정해도 될 만큼 세계적인 명성과 독보적인 풍경을 갖고 있다. 공원의 남쪽에는 서울시 면적의 두 배가 넘는 아르헨티노 호수(1,446㎢)가 걸쳐져 있고, 호수 남쪽에 거점도시

파타고니아의 명산 피츠로이 Il monte Fitz Roy

피츠로이(3,375m, 또는 3,402m)는 스위스의 마터호른, 히말라야의 마차푸차레와 함께 세계 3대 미봉美峰이라고 칭송받을 정도로 아름다운 자태를 자랑한다. 매출액의 1%를 지구의 환경보호에 쓰는 '파타고니아 브랜드'의 로고가 사진에 보이는 피츠로이 봉우리들의 윤곽선이다. © ignacio estevo

부엘타스 Veltas **강은 유장하게 흐르고**
피츠로이로 올라가는 첫 언덕에서 바라보는 대자연. 어떤 간섭도 받지 않고 거침없이 자유롭게 몸을 휘두르며 내려가는 강물을 보니 가슴이 뭉클하다. 우리는 얼마나 막힘이 많은 인생을 살고 있는가. 여기서 이 풍경을 하염없이 바라보는 여행자가 많다. 나도 그렇다.

칼라파테가 있다.

수도 부에노스아이레스에서 칼라파테까지는 비행기로 3시간, 버스로 약 42시간이 걸린다.

피츠로이 Fitz Roy 산…
세계 3대 미봉으로 추앙받는 산악인들의 로망

피츠로이는 다윈이 여행했던 비글호의 선장 이름이다. 피츠로이산의 정상(3,405m)에 솟아오른 여러 개의 화강암 봉우리는 스위스의 마터호른, 히말라야의 마차푸차레와 함께 세계에서 가장 아름다운 3대 봉우리로 불

엘찰텐El Chaltén 입구의 표지판

'아르헨티나의 트레킹 수도Capital Nacional del Trekking'라는 글과 함께 표지판 위에는 피츠로이 봉우리들을, 옆에는 세계유산 심볼 마크를 그려 넣었다. 날씨가 좋으면 표지판 뒤로 피츠로이 봉우리들이 보인다. 이곳부터 바람결이 다르다. 가슴이 뛴다.

린다. '신이 빚은 조각품'이다. 계속 솟아오르는 것처럼 다이내믹하고, 가슴을 깊이 파고들며 심장을 쿵쾅쿵쾅 때린다.

피츠로이산을 오르는 여정은 산악마을 엘찰텐El Chalten에서 시작된다. 엘찰텐은 '구름이 피어오르는 봉우리'라는 뜻으로, 피츠로이 봉우리에서 구름이 솟아오르는 날이 많아 그런 이름이 붙었다.

인구 1천 명의 엘찰텐은 스위스 마을을 옮겨온 듯한 예쁜 건물에 이름난 식당이 많은데, 소가 많은 나라답게 소고기 스테이크가 일품이고 가격도 착하다.

엘찰텐에서 피츠로이 정상까지는 10.2km다. 처음 9km는 지리산 능선을 걷듯 한라산 구릉을 걷듯 부드러운데, 마지막 1km는 설악산 희운각에서 소청봉만큼이나 급경사의 너덜길이다.

피츠로이 정상에서 일출을 감상하려면 엘찰텐에서 심야에 출발하거나, 정상에서 1시간 거리 밑에 있는 포인세노트Poincenot 캠프장에서 야영해야 한다. 아침 햇살을 받아 붉게 물드는 피츠로이 봉우리들을 '불타는 고구마'라고 표현한다. 설악산 공룡능선의 길쭉한 봉우리들을 모아놓은 모습이다. 정상 아래의 로스 트레스Los Tres 호수에 봉우리들이 반영된 모습까지 볼 수 있다면 더 없는 행운이다.

피츠로이 전망대에서 본 '마음의 피츠로이'
출발 후 4km 지점에서 해설판에 그려진 피츠로이 봉우리들을 조망하는 지점. 비행기를 몇 번 갈아타고 먼 길을 돌아 돌아왔건만, 구름이 잔뜩 끼어 아무것도 보이지 않는다. 그래서 수없이 보아왔던 봉우리 풍경(위 사진)을 머릿속에서 꺼내 피츠로이 방향에 펼쳐보았다.

길을 내려서는데, 올라오는 사람마다 "피츠로이를 보았냐?", "길 상태는 어떠냐?"라고 묻는다. 나도 처음인 이역만리 아득한 산에서 도움말을 하려니 쑥스럽고도 기뻤다. 힘들게 올라서는 어떤 사람의 손을 끌어주며 우리말로 "안녕하십니까!" 했더니 일행들 모두가 무슨 말인지도 모르고 깔깔 웃어댄다. 즐거운 내리막이다.

엘찰텐을 베이스캠프로 다양한 난이도의 탐방로가 10여 개 있는데, 산악인이라면 피츠로이 다음으로 유명한 세로토레Cerro Torre(3,102m)산을 빼놓을 수 없을 것이다. 왕복 24km 코스다. 쉬면서 가벼운 워킹을 하고 싶다면 엘찰텐 외곽의 콘도레스Condores 탐방로를 권한다. 부드러운 경사의 언덕을 걸으면서 엘찰텐 마을과 하늘의 독수리를 구경하는 왕복 2시간 코스다.

마젤란딱따구리Campephilus magellanicus
피츠로이 등산로에서 만난 마젤란. 암컷보다 화려한 수컷의 머리와 깃crest이 빨갛다. 먹이를 찾기 위해서, 그리고 영역 표시를 하기 위해 진동음이 깊이 울리도록 나무를 쪼아댄다. 가까이 가도 신경 쓰지 않는다.

페리토 모레노Perito Moreno 빙하…. 기후변화에 저항하는 얼음대륙

칼라파테를 벗어난 승용차가 멀리 하얀 설산의 연봉을 향해 1시간쯤 달려가자, 그 끝에 거대한 빙하가 마치 정지된 파도처럼, 정박한 항공모함처럼 떠억하고 나타난다. 사진으로 수없이 보아왔지만, 실제로 나타난 비현실적인 경관과 압도적인 스케일 앞에서 사람들은 그저 넋을 놓고 한동안 말이 없다.

여의도 면적의 80배에 달하는 '얼음 우주' 앞에서 인간은 그저 먼지 크기에 불과하고, 빙하가 만들어진 수만 년 세월 앞에서 인간은 그저 눈 깜빡할 정도의 순간만을 존재할 뿐이라는 것을 느끼지 않을 수 없다.

세계에서 가장 아름다운 빙하라고 칭송받는 모레노 빙하는, 지구온난화로 줄어들고 있는 다른 빙하들과는 달리, 수증기가 얼어서 계속 만들어지고 있기 때문에 늘 일정한 규모를 유지하고 있다. 남미의 저항정신을 닮아서, 기후변화에 저항하며 '마지막 빙하'로 남을 것이다.

모레노 빙하의 겉면은 우윳빛이지만, 갈라진 틈으로 보이는 속살은

파타고니아 도로 풍경
칼라파테에서 모레노 빙하로 가는 도로 풍경. 눈 덮인 산, 황량한 호수, 차갑고 을씨년스러운 날씨 등 전형적인 파타고니아 도로다. 관광객은 여름(11월~3월)에 많지만, 사람 없는 대자연에 푹 빠지려면 황량한 겨울(6~8월)도 괜찮다.

'투명하고 푸르스름한' 색깔로 신비로움을 자아낸다. 빙하는 물이 언 수빙水氷이 아니라 눈이 쌓이고 다져져 만들어진 설빙雪氷이어서 그 안에 압축된 공기가 푸르스름한 빛을 내는 것이다.

유람선을 타고 가까이 본 빙하의 측면은 얼음이 팽창하는 힘에 의하여 쪼개지고 부서지면서 길쭉길쭉한 봉우리나 왕관의 모습을 하고 있다. 무덤덤한 표정의 빙하가 '쿵, 쿵~' 하고 무너지고, 무너진 파편들이 유리창의 잔해들처럼 호수 위에 흩어진다. 그렇게 표류를 시작하는 유빙流氷을 보면, 부모로부터 떨어져 나와 방랑에 나서는 어린아이를 보는 것처럼 애잔하다.

신비로운 모레노 빙하를 구경하기 위해서는 돈을 좀 써야 한다. 인플

페리토 모레노 빙하
사진의 빙하는 빙산의 일각에 불과하다. 모레노 빙하의 크기는 여의도 면적의 80배에 이른다. 거대한 항공모함 같은 그 앞에 서니, 우리 인간은 아무 존재감도 없는 모래알이라는 생각이 들었다. © Felipe Cruz

레이션이 심한 국가답게 공원 입장료는 매년 올라서 2025년 6월 환율로 5만 원이고, 유람선을 타고 빙하를 가까이 구경하는 1시간 투어는 7만 원이다. 빙하 위를 걷는 미니 트래킹은 45만 원, 빙하를 3시간 이상 걷는 빅 트래킹은 100만 원이 넘는다.

가이더가 빙하 조각에 위스키를 뿌려 나누어 주면서 트래킹을 마무리한다.

피츠로이산과 모레노 빙하를 일견하며 파타고니아의 정수를 맛본 후, 이제 남미의 남쪽 끝 우수아이아로 향한다. 중간에 칠레로 나갔다가, 배를 타고 마젤란 해협을 건너, 다시 아르헨티나 땅으로 들어가 17시간을 간다. 그곳에 홍콩영화 「해피 투게더春光乍洩」에서 세상의 슬픈 기억을 모두 털어

빙하의 푸르스름

(위) 보트를 타고 가까이 본 코발트빛 제국. (아래) 빙하 아래 호수에 빙하의 파편들이 푸르스름한 색을 내며 홀연하게 떠 있다. 처음 본 색이라 무슨 색이라고 얼른 표현하지 못한다. 청남색? 비취색? 클리어clear 블루?, 슬픈sorrow 블루?

버리자고 했던 '세상의 끝 등대'가 있다. 그리고 아메리카 대륙이 소멸하며 마지막 풍경을 남긴 티에라 델 푸에고Tierra del Fuego 국립공원이 있다.

남미의 최남단 도시 우수아이아를 걷다 보면, 아르헨티나 국민이 사랑했던 에바 페론María Eva Duarte de Perón을 기념하는 작은 광장을 만난다. 그녀의

우수아이아 Ushuaia 에서 우수에 젖다
아메리카 대륙의 남쪽 끝 항구 우수아이아. 알래스카에서 북미의 로키산맥과 남미의 안데스산맥을 거쳐 내려온 아메리카 대륙이 이제 여기서 바닷속으로 소멸한다.
대륙의 소멸처럼, 남미의 아팠던 역사와 모진 상처의 아픔들도 바다에 잠기며 소멸되는 듯하다. 사람의 소결처럼, 땅의 소멸도 기분을 착 가라앉게 만든다. 우수아이아의 차가운 바닷가에서 우수에 젖는다.

세상의 끝 등대
남미 대륙의 남쪽 끝 도시 우수아이아에서 배를 타고 나가 '세상의 끝 등대'를 만난다. 여기를 떠나면 문명의 세계를 벗어나 남극으로 향하는 것이다. 등대섬을 점령한 바다사자들이 꾸르륵 꾸르륵 울어대고, 가까이 오지 말라는 듯 그들의 배설물 냄새가 진동한다.

동상 앞에 서면 마돈나가 불러 세계적으로 히트했던 노래 가사가 떠오른다. "아르헨티나여, 나를 위해 울지 마세요 Don't cry for me Argentina ."

7.

에두아르도 아바로아Eduardo Avaroa 국가 동물보호 구역

볼리비아 콜로라다Colorrada 국립공원

세계에서 가장 메마른 사막에서
사람도 새들도 쉬어가는 오아시스

세계에서 가장 건조한 지역은 어디일까. 연평균 강수량이 15mm 이하로, 이슬이 아니면 물방울을 보기 어려운 아타카마Atacama 사막이다. 안데스산맥의 서쪽에서 페루, 볼리비아, 칠레, 아르헨티나의 국경에 뻗어 있는 길이 1,600㎞, 면적 105,000㎢의 사막이다. 이곳은 습기를 머금은 구름이 안데스산맥을 넘어오지 못하고, 태평양의 차가운 해풍이 습기를 머금지 못해 '비 그늘rain shadow'을 이루는 지역이다.

너무 건조해서 '죽음의 계곡'으로 불리는 미국의 데스밸리Death valley보다 50배 이상 건조하다. 대기에 물방울, 즉 안개나 공해가 없어 가장 투명하게, 가장 멀리 볼 수 있어 밤하늘의 별 관측에 가장 좋은 장소이기도 하다.

사막에 오아시스가 있는 것처럼 아타카마 사막에도 오아시스가 있는데, 그것은 작은 샘물이 아니라 거대한 호수다. 빗물이 아니라 지하수가 배어 나와 생기거나, 본래 바다였던 곳이 솟아올라 형성된 호수다.

대표적인 호수가 남미 최대의 관광지 중 하나인 우유니Uyuni 소금사막이다. 바닷물이 증발하여 현재는 소금만 남았다. 우유니 소금사막에서 남쪽으로 가면 아타카마 사막이고, 거기에 커다란 호수lagoon 여러 개가 이어진다. 그중에서 가장 규모가 크고, 가장 아름다운 풍경을 자랑하는 곳이 콜로라다 호수laguna Cololada다. 호수에 사는 조류藻類/algae의 색이 붉어 '붉은빛 호수red lake'라는 이름이다. 그곳에 사는 홍학들의 색도 핑크빛이다.

아타카마Atacama **사막**

비스카차vizcacha
사막의 바위틈에서 서식하는 설치류. 모양과 크기가 토끼와 똑 닮아서 한글 이름을 붙인다면 '토끼 쥐'다. 모진 환경 때문일까 "제발 음식을 나누어 주세요."라는 듯 불쌍한 표정이다.

가도 가도 끝이 없는 해발 4,300m의 광막한 사막-고원에 이렇게 넓고 아름다운 호수가 있고, 거기에 핑크빛 플라밍고가 떼 지어 살고 있다는 것은 신기하지 않을 수 없다. 이곳에 잘 왔구나!, 하는 생각이 절로 든다. 다만 고산병 증세로 머리가 지끈지끈 아프고, 밤에는 담요 몇 개를 뒤집어써도 추위에 벌벌 떤다.

낮에는 태양 빛이 너무 뜨겁고, 사람이 흔들릴 정도의 바람 부는 날이

며칠을 가도 가도 모래다. 모래밭, 모래 언덕, 모래 구릉, 모래 절벽, 모래 협곡, 모래 평원, 모래 물길, 모래 호수…. 모래로 빚어진 모든 지형이 여기에 있다. 광막하고 고요하다. 마치 진공상태의 화성 풍경이다. 저기 어디서 외계인이 나타난다고 해도 이상할 게 없다.

많다. 극단적인 기후만 존재하는 곳이다.

'콜로라다 국립공원'으로 부르는 국가 동물보호 구역

콜로라다 호수는 에두아르도 아바로아 국가 동물보호 구역National Fauna Reserve에 속해 있는데, 가이더와 현지인들은 모두 "콜로라다 국립공원"으로 부른다.

호수의 절반이 붉은빛이 도는 플랑크톤과 흰색 미네랄 성분으로 채색되어 있어, 새파란 호숫물과 노란 사막과 더불어 멋진 '색의 대비'를 보여

콜로라다 호수

사막 가운데에 있는 붉고·하얗고·파란 호수. 호수의 붉은빛, 오렌지빛은 물속에서 사는 조류藻類/algae의 색깔이고, 흰색은 미네랄 성분이다. 햇빛이 강한 오후에 조류가 더욱 번성하여 호숫물을 더욱 붉게 물들인다.

컬러풀colorful한 호수 곳곳에 모여있는 핑크빛 홍학들을 멀리서 보면 마치 호수에 뿌려진 꽃잎과 같다.

남미인들의 영혼 체 게바라 Che Guevara

남미 어디를 가나 체 게바라의 초상화와 동상이 많다. 라파즈의 안드레아San Andreas 대학교 교정에 그린 초상화에 "우리의 모든 행동은 제국주의에 맞서는 외침이다!"라는 구호를 썼다.

아르헨티나에서 태어난 체 게바라는 쿠바 혁명에 기여한 후 높은 지위를 버리고, 또 다른 혁명을 하겠다며 게릴라 생활을 하다가 볼리비아에서 체포되어 사망했다. 그의 나이 39세였다. 남미 어디를 가나, 남미 사람들의 가슴에 그의 영혼이 살아있음을 느낄 수 있다. 그가 청년 시절에 남미 대륙을 여행하며 쓴 「모터사이클 다이어리The Motorcycle Diaries」는 젊은이들의 필독서다.

준다. 이 호수를 포함하여 주변의 유역 약 513㎢가 '국제적으로 중요한 습지'인 람사르 사이트Ramsar site로 지정되어 있다.

습지 면적보다 10배나 넓은 구역을 보호구역으로 지정해서 '습지 유역'을 보호하고 있다는 것에 주목할 필요가 있다. 이곳의 관리는 엄격해서, 지프에서 내려 여권 확인을 하고 입장료 150불(28,000원)을 내야 바리케이드를 열어준다. 마치 국경 검문소 같다.

콜로라다 호수의 플라밍고
수백 마리의 플라밍고가 핑크빛 치장을 하고 꾸르륵거리며 조류를 먹거나 몸단장하고 있다. 사막에 홍학이라니 상상하기 어려운 조합이다.
홍학은 본래 흰색으로 태어나지만 붉은색 조류나 붉은 색소가 있는 게와 새우를 먹으면서 털색이 핑크빛으로 변한다. / 오른쪽은 국가 동물보호 구역의 로고에 그려진 플라밍고.

라파즈Lapaz의 낮과 밤
볼리비아의 수도 라파즈에는 평평한 땅이 거의 없다. 비탈에 들어선 시가지와 주택가, 높은 언덕을 10여 개 노선의 케이블카가 종횡무진으로 다니며 사람을 실어 나른다. 케이블카를 교통수단으로 하는 세계 유일의 도시다. / 올망졸망 다닥다닥 붙은 집들이 전깃불을 밝히면, 수천 마리의 반딧불이가 깜박이듯, 수만 개의 보석이 빛나듯 라파즈는 화려한 변신을 한다. 그런 밤의 라파즈를 '빛의 국립공원'으로 선포하면 어떨까, 빛의 장관을 보여준 라파즈 서민들에게 관람료를 주어 전기세라도 내도록 하는 게 어떨까를 제안해 본다. 오른쪽 사진 © 박병락

우유니Uyuni 소금사막

바다가 솟아올라 거대한 호수가 되고, 바닷물이 증발해서 소금사막이 되다

에두아르도 아바로아 국가 동물보호 구역은 볼리비아와 칠레의 국경 가까이에 있다. 이곳으로 두 나라를 오고 가는 여행자들이 반드시 들리는 사막이 두 곳 있으니, 하나는 아타카마 모래사막이고, 하나는 우유니 소금사막이다.

우유니 소금사막은 경기도보다 큰 땅(10,582㎢)에 펼쳐진 세계 최대의 소금밭이다. 100억 톤의 소금이 묻혀있다고 하니 감이 잡히지 않는다. 우유니의 명성이 자자한 것은 소금 규모 때문이 아니라, 우기에 얇은 물이 고여 거울처럼 반사될 때의 아름다움 때문이다. 이때는 누가 사진을 찍어도 작품이 나온다.

우유니의 진수를 맛보기 위해서는 우기인 12-3월에 방문하는 것이 좋다. 건기인 7-10월에 방문하면 거울 장면은 없지만, 논바닥이 갈라진 것과 같은, 거북이 등껍질 모습의 무늬가 무한하게 펼쳐진 장관을 감상할 수 있다. 지구 바깥의 어느 행성에 온 것 같다.

사막 투어

우유니[Uyuni]에서 아타카마 사막과 콜로라다 국립공원을 거쳐 칠레 국경까지 가는 3박 4일 투어. 투어 비용은 숙소와 음식의 종류, 가이더의 등급(경험과 영어)에 따라 천차만별이다. 7인승 지프에 탄 일행들은 처음에는 깔끔하지만, 나중에는 거지꼴이 된다. 물과 산소가 부족한 사막의 고원에서 고산병이 오면 두통과 오한, 피로감으로 체면을 챙길 여유가 없다. / 그런 악조건을 뚫고 자전거 여행을 하는 사람들은 그난을 즐거움으로 삼는 '여행의 신'이다.

우유니 소금사막의 우기와 건기

우기의 소금사막은 거울 같은 호수다. 얇게 펴진 수면에 땅 위의 모든 것이 거꾸로 비친다. 땅 위의 실물보다 땅에 비친 그림이 더 예쁘다. © Javier turpain, Trever mckinnon / 건기의 소금밭은 다각형의 바다다. 논바닥이 갈라질 때의 무늬가 지평선 끝까지 펼쳐진 도형의 세계다.

8.

이구아수Iguazu 국립공원

브라질

275개 폭포가 한꺼번에 터지는 폭발,
그리고 종말이 없는 클라이맥스

세계 3대 폭포는 모두 국경에 있다. 브라질과 아르헨티나 국경의 이구아수 폭포(높이 80m, 폭 2.7km), 미국과 캐나다 국경의 나이아가라 폭포(높이 53m, 폭 671m), 그리고 아프리카의 잠비아와 짐바브웨 국경에 있는 빅토리아 폭포(높이 108m, 폭 1.7km)다. 높이와 폭을 보았을 때 규모 1위는 단연코 이구아수 폭포다.

하늘에서 보면 1개의 폭포지만 가까이 보면 275개의 폭포가 어깨를 나란하게 붙이고 있는 '줄 폭포'다. 세계에서 가장 멋진 국경이다. 이구아수 폭포는 본래 파라과이 영토였는데, 아르헨티나-브라질-우루과이가 연합한 3국 동맹 전쟁에서 패해 폭포를 아르헨티나에 넘겨주었다니, '가난한' 파라과이로서는 얼마나 분통할 일일지 짐작이 간다.

이구아수 폭포는 그 장면을 사진이나 그림으로 다 표현하지 못할, 정말 압도적인 풍경이다. 장장 1,200km를 달려온 이구아수 강물이 거꾸로 용틀임하듯 일제히 몸을 던져 무너지고 부서지고 흩어지는 모습은 보는 이의 심장을 전율시킨다. 그러고 나서 아무 일도 없었다는 듯이 다시 모여 파라나강을 향해 유장하게 흘러가는 모습은 보는 이의 가슴을 뛰게 한다. 마치 수천 개의 그랜드 피아노를 한꺼번에 연주하듯 웅장한 소리가 들려, 사람들은 감히 소리를 내지 못한다.

이구아수 폭포를 품고 있는 이구아수 국립공원의 면적은 브라질이 1,852km², 아르헨티나가 676km²에 이른다. 폭포는 하나의 점에 해당하는 명

하늘에서 본 이구아수 폭포

이구아수^Iguazu^는 '엄청난 물'이라는 뜻이다. 이구아수는 브라질·아르헨티나의 국경을 이루는 세계 최대의 '폭포 국립공원'이다. 왼쪽 브라질 구역 하단에 '폭포의 백화점'을 구경하는 데크가 보인다. 오른쪽 아르헨티나 구역 상단에 폭포의 심장인 '악마의 목구멍'으로 가는 데크가 놓여 있다. © Nido huebl

세계 3대 폭포
이구아수 폭포는 폭(2.7km)이 가장 넓다. 옆으로 길게 반원형으로 이어지는 파노라마 뷰가 장엄하다. / 왼쪽 빅토리아 폭포는 가장 높아(108m) 우레와 같은 소리를 내며 역동적으로 떨어진다. © Albrecht fietz / 오른쪽 나이아가라 폭포는 수량이 가장 많아 웅장하고 접근성이 좋은 대신, 도시에 둘러싸여 '자연 맛'이 덜하다. 미국의 제32대 대통령 프랭클린 D. 루스벨트의 부인 엘리너 루스벨트 Eleanor Roosevelt 여사가 이구아수 폭포를 보고 나서 '나의 불쌍한 나이아가라'라고 말했다고 한다. © 이태승

소이고, 두 개의 이구아수 국립공원은 광활한 아열대 우림 subtrophical rain forest 에서 수많은 생물이 살아가는 거대한 생태계다.

악마의 목구멍에 들어갔다 나온 듯한 전율과 감동을 맛보다

탱고의 도시 부에노스아이레스에서 비행기를 타고 2시간 뒤에 이구아수 공항에 내리니, 습도 높은 축축한 공기가 훅 밀려오고, 이튿날엔 새벽부터 장대 같은 비가 내렸다. 열대우림 기후다.

1만 페소(39,000원) 티켓을 끊고, 코끼리 기차를 타고 20분쯤 정글을 통과해 종점에 내리니 '악마의 목구멍 입구'라는 이정표가 서 있다. 이곳 풍경은 평범한데 저 끝에 악마가 있는 것일까, 데크를 걸어가니 슬슬 강폭

이 넓어지며 바다 같은 강물이 나온다. 걸어갈수록 물 떨어지는 쿵쿵 소리가 커지고, 물안개가 더 높게 더 넓게 솟구친다. 소리 때문에 땅이 울리는 느낌을 받는다.

악마의 목구멍 Garganta del Diablo
1,200km를 유유하게 내려온 이구아수 강물이 직각으로 꺾인 낭떠러지로 한꺼번에 떨어진다. 저 아득한 바닥에서 천둥소리가 쿵쿵 들린다. '악마의 목구멍'은 누가 지은 이름인가, 누구라도 그런 이름을 지을 것이다. 모든 것을, 모든 소리를, 모든 상념을 집어삼키는 블랙홀이다. 전망대에 '이 폭포를 말로 표현하려고 애쓰지 말라.'는 시가 있다. 과연 말로 표현하기 어렵다.

어떤 광경이 나올지 가슴이 점점 더 설렌다. 드디어 이구아수의 275개 폭포 중에서 으뜸이라는 '악마의 목구멍'이다. 과연 세상의 모든 것을 집어삼키듯, 깊이를 알 수 없는 목구멍 속으로 수천 톤의 물이 끊김 없이 쏟아져 들어간다.

수백 개의 물폭탄이 터지는 듯하다. 아득하게 곤두박질친 물기둥이 튀어 오르며 생긴 엄청난 에너지가 물안개와 비바람으로 솟구쳐 올라 사람들을 흠뻑 적신다. 사람들의 환호가 폭포의 굉음에 묻힌다. 물 말고 다른 것은 생각할 수 없는 블랙홀이다. 악마의 목구멍이다.

지상 최대의 폭포 제국에서
폭포들의 클라이맥스를 보다

아르헨티나 이구아수에서, 차량으로 국경을 넘어, 브라질 이구아수에

브라질 이구아수 Iguacu 폭포
폭포의 백화점. 이 세상에 더 이상의 '폭포 전시장'은 없다. 아르헨티나에서는 '악마의 목구멍'을 가까이서 내려다보는 것과 같은 다이내믹한 풍경을 즐기고, 브라질 쪽에서는 폭포 전체를 '시야 가득하게' 올려다보거나 가까이 가서 '물안개에 젖으며' 조망한다. 폭포를 뚫고 안쪽의 절벽을 오가는 새도 있다.

바로 코앞의 이구아수
영화관의 맨 앞에서 커다란 입체영화를 보는 듯, 콰르르~ 하는 웅장한 교향곡을 듣는 듯. 그러나 앞으로 지구온난화가 지속되면 수량이 줄어들어 이런 '위대한 경관'을 보기 어려울지도 모른다.

도착한다. 86헤알(24,000원)의 입장권을 끊고, 셔틀버스로 20분쯤 가서 내리면 이구아수를 가장 멀리서 조망하는 포인트가 나온다. 이곳부터 걸어서 점차 폭포의 중심으로 들어간다. 아르헨티나에서보다 더 많은 폭포가 시야에 들어온다. 다가설수록 물방울이 튈 만큼 폭포는 가까워지고, 자석에 끌리듯

티주카 국립공원의 예수상과 리우데자네이루

리우데자네이루의 티주카[Tijuca] 국립공원 코르코바도[Corcovado]산 정상에 세워진 예수상. 리우에 온 여행자들이 필수적으로 인증사진을 찍는 랜드마크다. 예수상은 아득히 높아 표정을 읽기 어렵지만, 어느 방향으로 보아도 강력한 카리스마가 뿜뿜하다. 예수상 밑에서 내려다보는 리우데자네이루의 하얀 시가지와 짙푸른 바다. 사진의 오른쪽에 리우의 또 다른 랜드마크인 '빵 지 아수카르' 봉우리가 있다. 이곳에서 케이블카를 타고 올라가면 코파카바나[Copacavana] 해변을 비롯한 리우 시내의 면면을 가깝게 내려다볼 수 있다.

폭포의 제국 중심으로 빨려 들어간다.

폭포가 떨어져 세차게 흘러가는 여울의 중심으로 기다란 데크와 전망대가 놓여 있다. 하얀 물 반, 흙탕물 반인 물폭탄이 코앞에서 요동을 치고 굉음을 내는 야성적인 폭포 앞에 선다. 어디서 찍어도 인생 샷[My best shot]이다. 거부할 수 없는 물안개와

아메리카 대륙을 주름잡는 재규어와 퓨마

브라질 이구아수 국립공원의 로고인 재규어[jaguar]. 호랑이보다는 작고 표범보다는 크다. 남미의 습지와 강에서 재규어는 작은 악어를 사냥하지만, 거꾸로 큰 악어는 작은 재규어를 사냥한다. / 폭포 인근 정글에 나타난 퓨마[puma]. 쿠거[cougar], 마운틴 라이언[mountain lion]으로도 불린다. 재규어와 서식지가 겹쳐 재규어가 좋아하는 물가를 피해 다닌다. © Tonti

아마존 열대우림의 두 얼굴
아마존 열대우림은 전 세계 생물의 약 10%를 품고, 지구 산소의 20% 이상을 내뿜는 지구의 허파, 지구 환경의 심장이다. © Neil Palmer / 아마존의 벌채와 산불 흔적이 날로 커지고 있다. 숲을 베어 땅을 만들고자 일부러 내는 산불도 자주 발생한다. 산불이 나면 웬만해선 끄지 않는다. © Astro Alex

물방울과 물 파편으로 온몸이 물에 젖는다. 세상에서 가장 거대한 폭포와 세상에서 가장 작은 내가 함께 어우러진다. 수많은 폭포의 폭발과 클라이맥스를 본다. 클라이맥스의 종말은 없다.

아! 지구의 허파
아마존이 위기에 빠졌다.

브라질에는 72개의 국립공원을 비롯한 다양한 보호지역이 있는데, 가장 중요한 보호지역은 아마존 열대우림 지역이다. 전 세계 산소의 20%를 뿜어내 '지구의 허파'로 불린다. 아마존 열대우림의 면적은 550만㎢에 달하는데 이는 우리나라 면적의 55배다. 아마존에 걸쳐 있는 9개 국가 중 브라질 영토가 60%에 달한다.

아마존 열대우림은 지구에서 환경 갈등이 가장 심한 곳이다. 아마존의 여러 국가에서는 숲을 베어 농토와 공장을 만들려 하고, 다른 국가에서는 지구온난화를 막기 위해서 아마존을 보전해야 한다는 갈등이다.

해법은 간단하다. 아마존이 지구환경에 이바지하는 정도를 돈으로 환산해서, 지구환경을 악화시킨 나라별로 비율을 정해 돈을 모아, 아마존 국가들을 지원하는 대신 개발을 멈추게 하는 것이다. 논리는 있지만 실행은 어려운 해법이다. 그러나 언젠가는 해야 할 '지구의 숙제'다.

9.

블루마운틴 Blue Mountains 국립공원

호주

슬슬 산책하면서 만나는 푸르른
'숲의 바다'

관광 천국 호주에서 여행 1번지는 어디일까. 호주를 여행하는 사람의 대부분은 시드니로 가고, 시드니 여행자의 대부분은 블루마운틴 국립공원을 방문한다. 시드니에서 불과 80km 떨어져 있고, 가벼운 산책으로 주요 명소를 돌아볼 수 있어 매년 5백만 명 이상의 탐방객이 붐비는 산이다.

블루마운틴 국립공원의 면적은 2,679㎢로 지리산의 5배가 넘는다. 드넓은 면적에서 인간이 드나들 수 있는 곳은 극히 일부로 전체 공원의 1% 미만이다. 광활한 숲의 대부분은 수많은 생명과 경이로운 자연현상이 끊임없이 진화하는 비밀의 세계이다.

블루마운틴 국립공원에 온 사람은 누구나 들리는 에코 포인트Echo Point 전망대 앞에 세 자매봉Three Sister's Peak이 우뚝하다. 커다란 바위산에 빗물이 떨어져 수천 년 동안 갈라지고 쪼개져 만들어진 세 개의 봉우리다. 그 뒤로, 옆으로 파도처럼 일렁이는 구릉 위에 광대하게 펼쳐진 '숲의 바다'를 바라본다. 보자마자 가슴이 뻥 뚫리는 재미슨Jamison 계곡이다. 이렇게 드넓은 풍경이 시야에 가득 들어선 적이 있었던가, 아무리 사진을 넓게 찍어도 현장의 웅장하고 광대한 분위기를 10%도 담을 수 없다. 주변이 아무리 소란스러워도 아득한 광야는 고요하고 적막하다. 그래서 이곳이 에코echo 포인트인가, "야호~" 외쳐서 메아리를 불러볼 만한 장소다.

블루마운틴 국립공원 제1경

왼쪽은 세 자매봉. 먼 산이 푸르스름하게 보인다. 숲의 85% 면적을 덮고 있는 유칼립투스 나무에서 나오는 휘발성 물질이 파란빛을 반사해서 푸른 산, 블루마운틴이다. 오른쪽으로 재미슨Jamison 계곡이 바다처럼 광활하게 펼쳐져 있다. 오랜 세월 빗물에 의해 깎여 나가고 무너져 내려 '낮고 평편한' 고원이 되었다. 우리는 산을 그릴 때 삼각형을 그리고 녹색을 칠하지만, 이곳 사람들은 수평선을 그리고 파란색을 칠한다고 한다.

세 자매봉 Three Sister's Peak
모래가 퇴적되어 압축된 바위가 솟아오른 후, 수만 년간 깨지고 부서지면서 남은 단단한 골격이다. 언젠가는 다 무너져 내릴 것이다. 일몰 때 황금빛으로 반짝이는 모습이 환상적이다.
위험에 처한 세 자매를 마법사가 돌로 만들어 보호했는데, 마법사가 죽는 바람에 아무도 마법을 풀지 못해, 세 자매가 영원히 돌이 되었다는 전설이 있다.

링컨스 락 Lincoln's Rock
아찔한 바위 끄트머리에서 인생샷을 찍는 곳. 쫄면서 내려다보는 재미슨 계곡의 광활한 숲은, 마치 새가 되어 내려다보는 조감도 풍경이다. 킹스 테이블랜드King's Tableland 라고도 한다. © Charlie pauly

목숨을 걸고 인생 샷을 찍는 링컨 바위

블루마운틴 국립공원에서 인생 샷을 찍어야 할 핫플레이스로 링컨의 바위Lincoln's Rock가 유명하다. 미국의 링컨이 아니라 호주의 산악인 이름이다. 한국의 젊은이들에게는 '제니 포토존'으로 알려져 있다. 걸그룹 블랙핑크의 제니가 이곳에서 사진을 찍어 유명해진 장소다.

드넓은 재미슨 계곡을 조망할 수 있는 높은 절벽 끝에 하얀 암반이 덮여 있는 곳이다. 그 끝에 앉아서 허공에 다리를 내리면 '구름 위에 앉아 있는 듯한' 아찔한 인생샷이 나온다. 바위 밑에 너럭바위가 있기는 하지만, 심장이 쫄리지 않을 수 없다. 이곳에서 사고는 없었을까? 의외로 안전시설이 없는 곳에서는 사고 발생률이 낮다. 스스로 주의를 하거나 떨리는 사람은 아예 접근하지 않기 때문이다. 어쨌든 매우 위험한 장소이니, 사진에는 나오지 않는 투명 로프로 허리를

다양한 탐방로
(왼쪽) 세 자매봉 바닥까지 내려가 되돌아오거나 다른 탐방로로 연결된다. (오른쪽) 절벽 끝을 도는 내셔널 패스 National Pass (아래) 공룡시대처럼 거대한 고사리류가 울창한 정글 탐방로 bush walk.

묶고 촬영하는 게 어떨까를 제안해 본다. 물론 로프 이용료를 받고.

블루마운틴의 핵심을 재빨리 둘러보는 네 가지 교통수단

짧은 시간에 블루마운틴 국립공원의 이모저모를 맛보려면 시닉 월드

Scenic World에서 운영하는 다음의 네 가지 교통수단을 이용하는 게 좋다.

1. 아찔한 고도의 케이블카를 타고, 통유리와 유리 바닥을 통해 세 자매봉과 재미슨 계곡, 카툼바 폭포를 내려다보기 Skyway
2. 90도 각도로 느껴지는 경사지에서 90초의 스릴을 즐기는 탄광 기차를 타고 내려가기 Railway
3. 숲 바닥에서 공룡시대 분위기가 나는 원시림을 감상하며 2.4km의 데크를 걷기 Walkway
4. 계곡 밑에서 언덕 정상까지 절벽을 순식간에 오르내리며 경치를 즐기는 케이블웨이 타기 Cableway.

시닉 월드 이용권은 55,000원으로, 자기가 원하는 코스에 맞게 네 가지 교통수단을 자유롭게 이용할 수 있다. 무제한으로 이용할 수 있지만 대기시간이 길어 여러 번 이용하는 사람은 거의 없다.

블루마운틴은
산악 레포츠의 천국

블루마운틴 국립공원에는 초급-중급-고급, 장거리 트레일 등 다양한 난이도의 탐방로가 140km 조성되어 있다. 또한 산악자전거, 계곡 수영, 계곡 급류타기 canyoning, 암벽 타기, 폭포 하강하기 abseiling, 반딧불이 관찰, 동굴탐사, 원주민 문화체험 등 다양한 프로그램이 있다.

일몰 후에 불빛이 없는 전망대로 가서 수많은 보석을 뿌린 듯한 별빛

유칼립투스Eucalyptus **나무와 코알라**
블루마운틴 숲의 대부분을 차지하는 높이 10~50m의 유칼립투스 나무. 푸른빛을 내는 이 나무가 사라지면 공원 이름도 바꾸어야 한다. / 코알라는 유칼립투스 나뭇잎만 먹는다. 잎 성분에 잠을 자게 하는 성분이 있어 코알라는 하루에 20시간을 잔다. 불에 잘 타는 유칼립투스 나무에 산불이 나면 행동이 느린 코알라는 대부분 불에 타 죽는다. © muller

과 은하수를 감상하는 프로그램도 인기다. 별빛을 보려고 시드니에서 오후에 출발하는 투어 프로그램이 있을 정도다.

유칼립투스 숲은 코알라의 숲

블루마운틴은 '파란색 산'이라는 뜻이다. 이 산의 숲에서 85% 면적을 차지하고 있는 유칼립투스 나무에서 휘발되는 수분이 공기 중에서 파란빛을 반사시켜 산이 푸르게 보인다.

블루마운틴의 숲을 걷다 보면 싱그러운 향이 나는데, 그것은 유칼립투스 나뭇잎이 내는 향기다. 유칼립투스 나무는 향수와 화장품, 약과 차의 재료로 쓰인다.

원주민 손자국
500~1600년 전의 원주민이 레드 핸즈 동굴Red Hands Cave의 암벽에 찍은 스텐실stencil 작품. 동굴까지 탐방로 접근이 가능하다. © Sadaka

유칼립투스 나무는 '코알라 나무'라고 할 만큼, 코알라는 이 나무의 잎을 먹고, 가지를 침대 삼아 잠을 잔다. 숲에서 새끼를 업고 다니는 귀여운 모습의 코알라는 호주의 상징적인 동물이다. 그러나 오늘의 유칼립투스 숲은 지구온난화와 산불, 농경지 개발 등으로 점점 사라지고 있다. 이에 따라 코알라의 개체수도 많이 감소하고 있어 멸종위기종으로 지정되었다.

2019년에 블루마운틴 국립공원과 호주 남동부에 6개월간 발생한 산불로 코알라 8천 마리가 죽은 것으로 추정한다. 이제 이들의 마지막 피난처는 블루마운틴을 비롯한 국립공원이다.

호주는 세계에서 가장 많은 745개의 국립공원을 지정한 국가다. '국립공원'이란 브랜드가 없으면 여행지로서 경쟁력이 없을 정도다. 그중에서도 가장 많은 탐방객이 찾는 국립공원은 블루마운틴이다. 아름다운 자연과 놀라운 경관, 희귀한 야생의 생물들, 인류의 문화 흔적과 신화적 장소들이 공원의 구석구석에 꽉 들어차 있다.

호주의 제1 도시 시드니에서 접근하기 쉽고, 다양한 여가 활동을 즐길 수 있으며, 곳곳의 옛 마을에 유명한 맛집과 카페, 독특한 기념품점이 많

호주의 랜드마크
세계문화유산인 오페라 하우스와 하버 브리지. 카메라를 조작하지 않고 그냥 찍었는데 이렇게 나왔다. 풍경 스스로 자기를 찍었다.
오페라 하우스의 지붕은 하얀 조개껍데기, 흰 돛을 연상하게 하지만, 건축가는 오렌지 조각에서 아이디어를 얻었다. 오페라 하우스 사진을 찍었으니 이제 귀국해도 된다.

아서 여행자들의 사랑을 듬뿍 받는 호주 여행 1번지! 블루마운틴 국립공원이다.

10.

그레이트 배리어 리프Great Barrier Reef 국립공원

호주

아름다운 산호초들이 얽혀 2천km 이상 이어진
세계 최대의 해양보호구역

어느 곳의 자연과 문화를 특별히 보호할 필요가 있어 국가나 단체가 지정해서 관리하는 곳을 보호지역Protected Area이라고 한다. 그중에서도 바다는 해양 보호지역MPA. Marine Protected Area이라는 단어를 사용한다. 해양 보호지역을 지정하는 것은 육지보다 어렵다. 해안과 근해의 대부분 지역에 어업권이 설정되어 있고, 망망대해의 바다를 '엄정하게, 과학적으로' 관리하는 것은 결코 쉽지 않기 때문이다.

세계적으로 가장 대표적이고 독보적인 해양 보호지역으로 호주의 「그레이트 배리어 리프 해양 공원Great Barrier Reef Marine Park」을 꼽는다. 우리말로 '대보초 해양 공원'이라고 하는데, 대보초大堡礁라는 말이 어렵다. 산호초珊瑚礁/reef가 커다랗고 기다란 울타리Great Barrier를 이루고 있는 곳이라는 뜻이다. '수많은 산호초가 길게 이어진' 해양 공원이라고 하면 이해가 쉽다.

산호는 동물입니다!

물속에서 풀처럼, 나무처럼 펼쳐진 모습을 보고 산호珊瑚/coral를 식물로 보거나, 돌처럼 굳어 있는 형태를 보고 광물로 취급하기 쉽다. 그러나 산호는 동물이다. 수많은 돌기폴립/polyp의 끝에 있는 촉수觸手를 통해 플랑크톤

하늘에서 본 산호초 세계

10. 그레이트 배리어 리프 국립공원

육지에서 80km 떨어진 휘트선데이Whitsunday 바다의 하디 산호초Hardy Reef 지역. 그레이트 배리어 리프Great Barrier Reef에서 가장 아름다운 풍경에 다양한 생물들이 살고 있어 사진작가와 관광객들이 많이 찾는 곳이다. 산호초 지대를 가르며 유유히 흘러가는 검푸른 수로는 강이 아니라 바다다. 그레이트 배리어 리프는 우주에서도 보인다고 하는 지구 최대의 해양 보호지역이다. © Arthur F perier

과 유기물질, 그리고 작은 물고기를 먹고 자란다.

산호는 동물이면서 광합성을 한다. 몸속에 있는 조류藻類/algae가 광합성을 통해 탄소를 흡수하여 영양물질을 만든다. 전 세계에 약 2,500종의 산호가 있다.

산호초coral reef는 산호의 분비물이나 산호가 죽어서 된 탄산칼슘이 쌓여서 만들어진 일종의 암초暗礁다. 산호초 위에는 새로운 산호가 붙어서 서식한다. 산호초는 해양생물의 은신처와 산란처다.

지구의 바다에서 산호초 면적은 1% 이하지만 여기에서 어류의 25%가 서식한다. 산호는 공생하는 조류藻類들의 광합성을 통해 산소를 배출함으로써 바다생물들을 숨 쉬게 하고, 이산화탄소를 흡수해 지구온난화를 억제한다. 산호초는 해안을 따라 길게 형성되어 울타리barrier 역할을 하므로 큰 파도로부터 육지를 보호한다.

산호초는 바다의 아마존 숲, 거대한 꽃밭

크기 1mm 안팎의 돌기polyp가 모이고 모여, 퍼지고 퍼져 2,300km에 달하는 산호초 지대를 형성했다니 얼마나 놀라운가. 그렇게 만들어진 '그레이트 배리어 리프'의 면적은 344,400㎢로 우리나라 면적의 3배가 넘는다. 이 중에서 약 33%가 국립공원으로 지정되어 있다. 이 지역에 900개의 섬과 3,000개에 달하는 산호초 지대가 있다. 거기에 1,450종의 산호, 6,000종 이상의 연체동물, 1,625종의 어류, 136종의 상어 및 가오리, 30종 이상의 고래류가 서식하고 있다. 이 숫자가 얼마나 어마어마한 것인지 가늠하

환상적인 화이트헤븐 해변 Whitehaven Beach
새하얀 모래와 푸르스름한 바닷물이 어우러져, 세계에서 가장 아름다운 해변 중의 한 곳으로 꼽힌다. 모래 중에서 가장 깨끗한 규사 모래 silica sand 로 이루어졌다. 이 모래는 열을 적게 흡수하여 뜨거운 햇빛 아래에서도 맨발이 따갑지 않다. © horstmueller

기 어렵다.

여행작가 빌 브라이슨 William McGuire "Bill" Bryson 은 '그레이트 배리어 리프'에 대해 다음과 같이 썼다.

> " … 자료에 따라 이 공원의 면적은 다양하지만, 어쨌거나 영국이나 이탈리아보다 큰 면적이다. 무한한 생물의 서식지이고, 바다의 아마존 우림이다. 이곳에 어마어마한 숫자의 생물이 서식한다고 하지만 추측만 할 뿐이다. 지금까지 아무도 종합적인 조사를 한 적이 없다. 너무 규모가 큰 작업이기 때문이다."
>
> 빌 브라이슨, 2015, 「빌 브라이슨의 대단한 호주 여행기」 중에서

바닷속 유토피아에 닥쳐오는 위기

산호
부채산호 종류gorgonian fan coral. 부채처럼 생겨서 fan이라는 이름이 붙었다. © C. Jones, commonwealth of Australia(GBRMPA)

어름돔의 노란 매니큐어
줄무늬가 그려진 어름돔 종류sweetlips fish. 입술에 노란 매니큐어를 칠해서 달콤한 입술, sweetlips인가? © J. Sumerling, commonwealth of Australia(GBRMPA)

그레이트 배리어 리프에는 수백 개의 여행사에 수천 가지의 투어 프로그램이 있다. 대부분 보트를 타고 섬으로 가서 수영과 스노클링, 스쿠버 다이빙을 한다. 수영을 못하는 사람도 장비를 착용하고 들어가 '수중 영화'를 감상할 수 있다sea walk diving. 수정처럼 투명한 바닷물 속에는 산호초의 세계가 컬러풀하게 펼쳐진다. 바닷속 꽃밭이다. 산호초 사이로 수백 종의 물고기들이 단체로 또는 홀로 힘 하나 안들이고 수영한다. 거북이, 가오리, 상어 등 눈에 익은 동물은 몇 되지 않는다.

물 바깥세상과 물속 세상은 눈을 뜬 상태와 감은 상태의 차이만큼이나 너무나 다른 세상이다. 물속 세상이 이랬다고 누구에게 설명하기도 어려울 만큼 아름답다.

그러나 이 아름다운 해양생태계에 위기가 닥치고 있다. 지구온난화로 바닷물이 따뜻해지면서 많은 산호가 하얗게 변색하며 죽는 백화현상이 증가하고 있다. 산호가 사라지면 그곳을 서식처로 삼던 해양 생물들에게도, 풍부한 해양생태계를 기반으로 풍족하게 살아가던 사람들에게도 큰 위기가 닥치게

보트 여행
산호초 주변에서 스노클링을 하는 사람들. '그레이트 배리어 리프' 일원에는 다양한 보트 투어, 폰툰pontoon(정박장) 투어가 있다. 하루 일정으로 200~300달러 수준의 비용이고, 스노클링과 스쿠버 다이빙, 헬기 투어는 옵션 비용이 추가된다. © J. Oliver, GBRMPA

된다. 광합성을 해서 탄소를 흡수하는 산호가 사라지면 지구온난화가 더욱 가속화될 것이다.

스쿠버 다이빙
산호 주변의 물고기 떼와 세 마리의 노란 나비 물고기. 머리 부분에 눈을 가로지르는 검은 무늬가 특징이고, 바위에 붙어 있는 먹이를 쪼기 위해 주둥이가 뾰족하다. © Tunatura

그레이 리프 상어 Grey Reef Shark
흉상어requiem shark 종류. 레퀴엠(진혼곡)이라는 이름처럼 표정이 엄숙하고, 공격적인 포식자다. © J. Sumerling, GBRMPA

11.

피오르드랜드 Fiordland 국립공원

뉴질랜드

육지로 깊게 들어온 협곡마다 강물과 폭포와 호수가 가득한
트래킹 명산

뉴질랜드는 두 개의 섬이 남북으로 길게 이어져 있어 기후대와 경관이 다양하다. 북섬은 '불의 섬'으로 화산 지대가 많고, 남섬은 '얼음의 섬'으로 빙하지형이 많다. 인구는 북섬에 많지만, 아름다운 경관은 남섬에 많아서 13개의 국립공원 중 9개가 남섬에 있고, 남섬의 끝에 피오르드랜드 국립공원이 자리 잡고 있다.

피오르는 바닷가에서 빙하에 깎여 만들어진 좁고 긴 협곡이 내륙 깊숙이 들어온 지형을 말한다. 즉 내륙으로 길게 뻗은 만灣이다. 피오르 국립공원과 인근의 3개 국립공원을 묶은 산과 빙하, 호수와 강 등 원시적인 대자연이 테 와히피오나무Te Wahipounamu라는 이름의 세계자연유산으로 등재되어 보호받고 있다. 총면적이 26,000㎢에 달한다.

피오르드랜드 국립공원은 지리산의 26배에 달하는 12,519㎢의 면적에 14개의 피오르 협곡과 수많은 호수와 폭포, 험준한 산과 울창한 우림으로 이루어져 있다. '반지의 제왕'을 비롯한 많은 영화에서 이곳을 환상적인 대자연의 무대로 삼았다. 피오르드랜드 지역은 연평균 강수량이 6,400mm에 달해 뉴질랜드에서는 물론 세계적으로 가장 습한 지역으로 꼽힌다.

비가 많이 오면 평소에 없던 폭포가 수없이 생기고, 집중호우가 심할 때는 나무 사태tree avalanche, 즉 암석 기반의 절벽에서 나무가 일제히 쓸려나가는 현상이 발생하기도 한다.

밀퍼드 사운드 Milford Sound

피오르드랜드 국립공원의 '풍경 중심'은 밀퍼드 사운드다. 거대한 빙하가 지나가면서 U자형으로 깎아 낸 급경사 산자락 밑에 폭포가 걸려 있다. 사람들은 2~3시간 일정의 크루즈를 타고 강의 절벽과 폭포, 바다 동물을 보는 여행을 즐긴다. 운이 좋으면 물개나 펭귄을 볼 수 있다.
거점도시 테 아나우 Te Anau 에서 밀퍼드 사운드까지는 약 88km, 1시간 반이 걸린다. © Makalu

피오르드랜드 국립공원 지도
육지가 되고 싶었던 바다일까? 바닷물이 강을 따라 육지 깊숙이 들어온 지형을 피오르Fiord라고 한다. 국토의 해안선 대부분이 피오르인 나라가 노르웨이이다. 노르웨이가 뉴질랜드로 왔을까? 뉴질랜드에 있는 피오르드랜드 국립공원의 지도가 노르웨이 지도를 빼닮았다. © 이광수

밀퍼드 사운드에서 카약 체험
대부분의 사람은 크루즈를 타고 편안한 '관광'을 한다. 극적이고 추억에 남을 여행법은 이 사진처럼 강물과 폭포와 안개와 호흡을 같이하는 '체험'이다. © Liz Carlson

밀퍼드 트랙 1
걸을 수만 있다면 누구나 쉽게 갈 수 있는, 자연에 푹 빠져 즐겁게 여행하는 명품 트레일이다. 다만 산장 숙소와 식사 가격은 매우 비싸다. 자유 여행을 하더라도 산장은 예약해야 하고, 가져가야 할 장비와 음식 재료가 많다. © Liz Carlson

세계적인 협만峽灣 밀퍼드 사운드와 세계적인 등산로 밀퍼드 트랙

피오르드랜드 국립공원에서 가장 인기 높은 지역은 피오르의 하나인 밀퍼드 사운드Milford Sound이다. 밀퍼드는 이 지역을 최초로 발견한 사람의

밀퍼드 트랙 2
비가 내려 온 산이 폭포가 된 절경. 밀퍼드 트랙에는 1년에 200일 비가 온다. 비바람이 불고 안개가 휘몰아쳐야 진정한 밀퍼드라는 말도 있다. 6월부터 10월까지는 날씨가 좋지 않고 탐방로 관리도 제대로 하지 않기 때문에 스스로 안전관리를 철저히 해야 한다. © Great South

험프 리지 트랙 Hump Ridge Track
피오르드랜드 국립공원의 남쪽에 있는 61km의 순환 탐방로. 확 트인 고지대와 바다 경관을 즐기는 길이다. 고산지대 식물을 보호하기 위해 데크를 길게 설치했다. 지리산의 노고단과 경관도 데크도 비슷하다. © Liz Carlson

고향(영국 웨일즈) 이름이고, 사운드는 큰 만灣/inlet이라는 뜻이다. 빙하가 흘러내리며 깎아낸 급경사 절벽 밑으로 호수와 강이 길게 이어져 웅장하고 거침없는 풍경을 보여주는 곳이다.

테 아나우 호수에서 밀퍼드 사운드까지 54km의 밀퍼드 트랙Milford Track은 세계적인 트레일로 명성이 자자하다. 약간의 오르내림은 있지만 비교

카카포 Kakapo

카카포는 본래 나는 새였지만, 지상에 천적이 없어 날개가 퇴화되었다. 에너지를 많이 사용하지 않아 모두 비만 상태다. 수명은 60년에서 최대 100년까지 산다. 연두색 깃털을 노리는 사냥꾼들과 외국에서 들어온 고양이, 쥐, 족제비 같은 포식자들 때문에 멸종위기에 처해 있다. © DOC New Zealand

적 평탄한 길을, 뉴질랜드의 자연에 흠뻑 취하면서 3박 4일 동안 걷는 길이다. 웅대한 산맥과 고산 초지, 맑은 물이 가득한 호수, 오래된 숲과 습지, 깎아지른 절벽과 폭포, 유유하게 흘러가는 강물을 바라보며 신선처럼 걷는 트레일이다.

자연보호를 위해 하루 탐방객을 50명으로 제한하고, 그곳의 여름인 11~4월에만 산장을 운영하므로 예약이 필수다. 호텔급인 산장 예약은 필수고, 장비와 식사, 가이더는 옵션이다. 예약에 성공하고 거금을 지급했다면, 거기에 '황제 트레일'이 기다리고 있다.

외래종 유입으로 고민하는 뉴질랜드

카우리 감염병 대책
와이타케레 지역공원의 카우리 나무 보호에 관한 당부사항과 소독약 사용 장면. "신발 바닥을 깨끗하게 털고, 소독약을 뿌리고, 탐방로를 벗어나지 마세요!"

뉴질랜드는 호주의 이웃처럼 보이지만, 호주와 2,000km 이상 떨어져 있고, 세계의 다른 대륙과는 더욱 멀어 고유한 자연생태계가 잘 보존되어 온 나라다. 그러나 사람들의 왕래와 교역이 잦아지면서 외래생물이 유입되어 본래의 생물이 멸종위기까지 가는 사태가 많아지고 있다.

하나의 예로 카카포Kakapo/Owl parrot라는 앵무새는 천적이 없어 비행 기능이 퇴화된 채 땅에서만 살았다. 그런데 외래종인 쥐와 고양이가 유입되어 이 새를 마구 잡아먹는 바람에 멸종위기에 처했다. 이에 뉴질랜드 정부에서는 마지막 남은 카카포 61마리를 포획하여 외래종 포식자가 없는 무인도로 옮겨 현재는 250마리 가까이 개체수가 증가했다.

다른 예로, 북섬의 자연공원에는 뉴질랜드 고유종인 카우리 나무를 말라 죽게 하는 감염병kauri dieback이 발생했는데, 감염된 나무의 70%가 탐방로에서 50m 이내에 있었다. 즉 이 병이 확산되는 원인은 사람에게 있는 것으로 보여, 상당한 기간 동안 탐방로를 폐쇄하는 조치를 취한 바 있다.

현재도 뉴질랜드는 공항과 항구, 버스터미널, 국립공원 입구 등에서 외래종 유입을 차단하는 데에 많은 노력을 기울이고 있다.

12.

노섬벌랜드 Northumberland 국립공원

영국

예전에는 잉글랜드와 스코틀랜드의 국경 전쟁터,
지금은 가장 평화로운 전원풍경

노섬벌랜드 국립공원은 잉글랜드와 스코틀랜드의 경계에 위치한 면적 1,049km^2의 전원형 국립공원이다. 공원 대부분은 낮은 구릉과 언덕, 황무지moorland와 목초지, 작은 인공림과 농촌 마을로 이루어져 있다. 이곳은 과거에 잉글랜드와 스코틀랜드가 격전을 벌이던 국경이었지만, 현재는 영국에서 가장 평화스러운 풍경이 펼쳐져 있는 곳이다.

잉글랜드에서 대도시로부터 가장 멀리 떨어진 지역이고, 인구밀도가 가장 낮으며, 탐방객 수도 가장 적은 국립공원이다. 따라서 가장 조용하고 한적한 국립공원이다. 불빛도 가장 적고, 공해도 없어 영국에서 가장 깜깜한 밤하늘이 있는 곳이다. 그래서 '별을 가장 잘 볼 수 있는 지역Dark Sky Discovery Site'으로 인증을 받았다. 노섬벌랜드 국립공원은 가장 영국적인 전원형 국립공원이다.

고향 같은 풍경 속에서
가벼운 소풍을 즐기는 곳!

노섬벌랜드 국립공원에서 가장 중요한 공원 자원은 세계문화유산인 하드리안 성벽Hadrian Wall이다. 과거에 잉글랜드를 통치하던 로마제국이 서기 122~127년에 스코틀랜드의 침입을 막기 위하여 쌓은 성이다. 이 국경

하드리안 성벽

과거 잉글랜드와 스코틀랜드 국경 117km를 따라 돌로 쌓은 성벽. 폭은 2.4~3m이고, 높이는 본래 3.7m였던 것으로 추정하고 있다. 성의 대부분은 무너져 기초 부분만 유지되고 있다. 성벽 옆으로 난 오솔길로 장거리 트래킹을 하는 여행자가 많다.

에서 전쟁이 많았기 때문에 주변에 전쟁과 관련된 성이 많고, 1만 년 전 고대인들의 고고학적 유적도 많다.

노섬벌랜드 국립공원에는 한적한 곳에서 조용한 휴양을 즐기거나 역사의 발자취를 찾아 여행하는 탐방객들이 많다. 방문객들은 주로 하드리안 성을 비롯한 문화유적, 코큐데일Coquetdale과 노스타인North Tyne 지역의 전원 풍경, 잉글랜드와 스코틀랜드의 국경 유적이 있는 세비엇Cheviot 언덕을 찾아 오래된 풍경과 고향처럼 푸근한 옛 마을에서 시간을 보낸다. 그리고 40여 개의 다양한 탐방로를 걷거나 자전거를 타면서 가벼운 소풍을 즐긴다.

로스 베리Roth Bury 마을
노섬벌랜드 국립공원 안에 있는 거점도시로 역사적인 거리와 전통적인 건물들, 문화적 풍경이 많이 남아 있다. 오래된 교회, 갤러리와 카페, 음식점, 주점들이 다 관광자원인 '국립공원 타운'이다.

마도요 & 원스 브루드Once Brewed 방문자 센터
노섬벌랜드 국립공원의 심볼인 마도요curlew. 긴 부리와 갈색 털이 특징이고, 도요새 중에서 덩치가 가장 크다. / 농촌 창고를 개조해서 만든 방문자센터에 갔더니, 그곳 책임자가 "수입이 많은 자판기 코너가 제일 중요한 시설입니다."라고 조크를 던졌다.

아! 안타까운 로빈 후드 나무Robin Hood Tree

노섬벌랜드 국립공원은 영국에서 가장 조용한 국립공원이지만, 최근

노섬벌랜드 국립공원의 전원 풍경
노섬벌랜드 국립공원의 중심에 위치한 코큐데일Coquetdale 지역의 외딴 마을. 숲은 벌채하여 경작지와 목초지로 변했고, 거기서 양들이 한가로이 풀을 뜯고 있다. 낮은 구릉 사이로 개울과 농로가 휘어져 흐르는 이곳은 영국의 옛 전원 풍경이 남아 있는 곳이다. © northumberlandnationalpark.org.uk

몇 년은 가장 떠들썩했던 공원이었다. 이곳 하드리아누스 성벽의 시커모어 갭Sycamore Gap에 있던, 영국인들이 가장 사랑했던 나무가 베어졌기 때문이다. 이 나무는 케빈 코스트너가 주연한 영화 「로빈 후드」(1991)에 나왔고, 2016년에 '영국의 올해의 나무'로 선정될 만큼 사랑을 받았던 나무다. 그러나 2023년 9월 어떤 사람 두 명이 이 나무를 잘라내 영원히 그 모습을 볼 수 없게 되었다.

그들의 범행 이유는 단순히 '공공장소 파괴 심리vandalism'였던 것으로 알려졌고, 나무가 쓰러지면서 하드리안 성벽이 파괴되어 피해 규모는 약 11억 원에 달하는 것으로 밝혀졌다. 법원은 그들에게 징역 4년 3개월을 선고했다.

로빈 후드 나무가 베어진 것은 단순히 나무 한 그루가 사라진 것이 아

아! 안타까운 로빈 후드 나무

하드리안 성벽의 언덕에 있던 시커모어Sycamore 나무. 단풍나무의 일종으로, 200년 동안 영국 국민의 마음에 깊게 심겨 있던 나무다. 영국 어린이들은 이 나무를 보고 로빈 후드의 정의감과 애국심을 떠올렸고, 어른들은 이 나무 앞에서 청혼과 추모 등 뜻깊은 기념을 하곤 했다.

현재의 로빈 후드 나무

남겨진 그루터기에서 싹이 트고 있어, 이 나무의 후세를 이을 수 있는 씨앗이 탄생하기를 온 영국 국민이 고대하고 있다. "이 나무를 자연 그대로 두면 다시 태어날 테니, 제발 가까이 오지 마세요!"라고 표지판에 적혀 있다. © northumberlandnationalpark.org.uk

니라 함께 어우러졌던 오래된 풍경과 문화적 상징물, 그리고 사람들의 마음에 심어졌던 아름다운 추억과 기념물이 사라진 것이다. 이 사건은 로빈 후드 스토리와 함께 성장한 영국인들을 큰 슬픔에 빠트렸고, 예절과 배려를 중시하는 그들의 자긍심에 큰 상처를 주었다. 그리고 나무 한 그루의 파괴가 어떻게 개인과 공동체에게 상실감을 가져다주는지를 일깨워 줌으로써, 남아 있는 자연과 풍경을 더욱 잘 보듬어야 한다는 교훈을 주고

레이크 디스트릭 Lake District **국립공원**

윈더미어Windermere 호수를 끼고 있는 보우니 온 윈더미어Bowness on windermere 마을. 이곳은 영국인들이 가장 가고 싶어 하는 휴양지로서 시인 W. 워즈워스가 여기에서 영감을 받아 많은 시를 썼다. 이곳에 구불구불 나 있는, '걷는 길의 영혼'으로 불리는 산책로와 오솔길을 걷다 보면 누구나 시인이 될 수 있다. 레이크 디스트릭은 영국에서 탐방객이 가장 많은 국립공원이다. © mark mc neill

있다.

자연도 보전하고,
지역경제에도 기여하자!

영국 국립공원의 토지 대부분은 사유지이기 때문에 '국립'이라는 단어를 사용하기가 어색하다. 농업, 목축업, 거주지 등의 토지이용이 그대로 이루어지고 있어 '공원'이라는 단어를 쓰기도 어색하다. 그런데도 영국 고유의 자연과 문화, 향토적인 풍경이 가장 많이 남아 있어 사람들이 가장 많이 찾는 여행지는 역시 국립공원이다.

로크 로몬드 Loch Lomond **국립공원의 글렌코 계곡**
로크 로몬드 국립공원이 위치한 스코틀랜드의 고원지대는 남미의 파타고니아 지역과 비슷하다. 기온이 서늘하고 경관이 황량하다. 거칠고 쌀쌀맞은 자연 앞에서 사람은 외롭게 서성인다. 이곳은 빙하가 지나가며 U자 모습으로 깎여진 언덕과 계곡이다. 이런 황량한 풍경으로부터 에밀리 브론테의 「폭풍의 언덕」과 같은 작품이 나오지 않았는지 하는 생각이 든다.

공원 당국은 국립공원을 '영국의 살아 숨 쉬는 공간!'으로 만들어 국민을 야외로 나오게 하고, "국립공원에 오지 않는 사람들에게도 국립공원을 알려 감동을 주자!"는 사명감을 가지고 있다.

공원 당국은 사유지에 탐방객들이 통행할 수 있게 하고, 사유지를 환경친화적으로 경작하게 하는 업무에 정성을 다하고 있다. 동시에 국립공원이라는 브랜드를 활용하여 토지 소유자들에게 도움을 주고 지역경제를 활성화시키는 데에도 큰 노력을 기울이고 있다. 지역사회도 국립공원과 관련된 관광업과 일자리가 지역경제를 받쳐주고 있다고 인식하면서 국립공원 제도를 긍정적으로 받아들이고 있다. 사유지가 많은 한국의 국립공원에 참고가 될 만한 요소가 많다.

영국 시민들의 자원봉사

영국 국립공원은 시골의 읍[town], 마을[village], 농장, 목장 등이 포함된 전원풍경이 대부분이다. 주민들은 친환경적인 농업을 하고, 사유지를 탐방객에게 제공하는 등 공원관리에 협조하고, 공원 당국은 지역사회에 경제적·복지적 도움을 준다.

13.

바누아즈 Vanoise 국립공원

프랑스

3,000m가 넘는 100여 개의 산이 모여있는

'프랑스 알프스'의 대자연

바누아즈 국립공원은 프랑스 최초의 국립공원으로 '프랑스 알프스'를 대표하는 명산이다. 프랑스 알프스! 하면 몽블랑이나 샤모니를 연상하지만, 면적 547㎢의 바누아즈 국립공원에도 알프스다운 웅장하고 연속된 산악이 '힘차게' 담겨 있다.

최고봉인 해발 3,855m의 라 그랑드 카세La Grande Casse를 비롯하여 3,000m가 넘는 산이 100개가 넘고, 산의 정상마다 빙하와 만년설을 뒤집어쓰고 있어 알프스다운 위용이 넘친다. 바누아즈 국립공원에는 국가보호종 300종을 비롯한 2,860종의 식물이 자생하고 있다. 국토 면적의 1%도 안 되는 곳에 프랑스 식물의 절반 이상이 서식하는 프랑스 최대의 자연보호지역이다.

바누아즈 국립공원은 여행 천국이기도 하다. 겨울은 스키어들의 세상이고, 여름은 트래킹과 등산을 하는 하이커들의 세상이다. 특히 이곳에는 쉬운 산책길에서 난이도가 높은 고산 등산로까지 600km 이상의 트레일이 있다. 또한 각 공원 입구와 공원 안쪽에는 동화마을처럼 유명하고 예쁜 마을들이 있어 사계절 방문객이 끊기지 않는다.

바누아즈 국립공원은 프랑스 남부의 거점도시 리옹Lyon에서 자동차로 3시간 거리에 위치해 있다. 프랑스 남동부에서 론Rhone강과 알프스가 합쳐져 자연이 아름다운 지역을 '론 알프스Rhone Alps'하고 하는데, 리옹은 그 중심 도시다. 바누아즈 국립공원도, 몽블랑도, 스위스와 국경을 이루는 레만

바누아즈 국립공원

언론사 〈가디언The Guardisn〉에서 프랑스 최고의 국립공원으로 꼽은 곳이다. 여름에는 약 600km에 이르는 다양한 트레일에서 트래킹을, 겨울에는 해발 3000m 고지에서 스키를 즐기는 곳이다. 그리고 거대한 자연의 품속에서 '새근새근 잠자는 듯한' 예쁜 마을들을 둘러보는 곳이다. © Alexgan

에코l'Ecot
마을 프랑스에서 가장 아름다운 마을의 하나라고 칭송받고 있는 해발 2,000m에 위치한 작은 산촌. 돌을 사용해 전통적인 방법으로 지은 20여 채의 주택과 성당. © P. Travelart

호수도, 생수 브랜드로 유명한 에비앙도 론 알프스에 포함된다.

절벽의 신사
아이벡스

늑대와 스라소니가 어슬렁거리는 바누아즈 국립공원에서 가장 유명한 야생동물은 알파인 아이벡스Alpine ibex다. 멋진 뿔을 자랑하는 이 야생 염소는 풀을 뜯어 먹기 위해 눈에 덮이지 않은 지역을 따라 이동하는데, 여름은 프랑스의 바누아즈 국립공원에서, 겨울은 이탈리아의 '그란 파라디소Gran Paradiso' 국립공원에서 보내는 개체들이 많다.

이에 따라 프랑스, 이탈리아 두 나라는 아이벡스들의 이동을 돕는 것을 포함해 양쪽의 생태계가 단절되지 않도록 통합적인 관리를 하고 있다. 두 국립공원을 합쳐 1,250㎢에 달하는 광범위한 지역을 연결해서 자연생태계를 보호하는 것이다.

예술과 문화의 나라 프랑스에는 53개의 세계유산과 더불어 11개의 국립공원이 지정되어 있고, 이는 국토 면적의 9.5%에 해당한다. 우리나라에는 23개 국립공원이 국토 면적의 7%에 지정되어 있다. 프랑스 국립공원에서는 자연환경을 저해하지 않는 범위에서 각종 액티비티activity와 모험적인 레포츠를 즐길 수 있다.

바누아즈의 상징 아이벡스 Alpine ibex

아이벡스는 야생 염소다. 발굽이 둘로 갈라져 있어 급경사 절벽에서도 바닥의 돌기를 단단히 잡고 버틸 수 있다. 천적을 피해서, 그리고 염분과 미네랄을 찾아 절벽 등반을 한다.
프랑스, 이탈리아, 스위스 등 알프스산맥의 해발 3,000m 이상 고지대에서 서식하고, 겨울에는 풀을 찾아 낮은 곳으로 내려온다. © Ibex73, Adrien stachowiak

Parc national de la Vanoise

바누아즈 국립공원의 로고

다양한 동식물들이 서로 연결되어 역동적으로 솟구치는 모습을 형상화한 것이다. 이 로고는 프랑스의 모든 국립공원에서 공동으로 사용하되, 공원별로 배경색이 다르다.

몽블랑 Mont Blanc

알프스의 최고봉, 알피니즘의 발상지

알프스 파노라마

몽블랑의 에귀유 뒤 미디 Aiguille du Midi 전망대에서 바라본 알프스산맥. 오른쪽 능선의 바깥쪽은 이탈리아고, 멀리 구름 끝에 스위스 알프스가 솟아 있다. 사진의 오른쪽에 높이 솟은 그랑드 조라스 Grandes Jorasses(4,208m)를 비롯한 연봉들이 마치 설악산의 공룡능선과 닮았다. © 이민숙

몽블랑 둘레길

몽블랑 둘레길은 18세기 말부터 다녔던 장거리 트레일의 원조다. 그곳에 가면 알프스의 웅장한 산세와 우람한 절벽들, 하얀 설산과 빛나는 빙하들, 양들이 풀을 뜯는 초록빛 초원, 바람에 흔들리며 손을 흔드는 갖가지 야생화들, 에메랄드빛 · 코발트 빛 호수들, 떠나고 싶지 않은 예쁜 마을들을 만난다.
가는 곳마다 색다른 음식들, 그윽한 커피와 와인과 맥주의 잊을 수 없는 맛, 그리고 세계 곳곳에서 온 여행자들과 우정을 나누었던 산장들이 영원한 추억으로 남는다. © 임형운

바누아즈 국립공원의 북쪽 끝에서 알프스산맥을 더 가면 몽블랑이 있다. 해발 4,807m의 몽블랑Mont Blanc은 서유럽의 최고봉이고, '정의로운 도전 정신'인 알피니즘alpinism의 발상지로 전 세계 산악인들의 성지다.

몽블랑
샤모니Chamonix의 위 브레방brenvent 쪽에서 바라본 몽블랑. 반대편 이탈리아에서는 '몬테 비앙코Monte Bianco'라고 부른다. 두 이름 모두 '하얀 산'이란 뜻이다. 그러나 지금처럼 기후변화가 지속된다면 몽블랑의 눈이 사라져 이름을 바꾸어야 할지도 모른다.
© Salah Labbat

몽블랑을 비롯한 알프스 꼭대기를 가장 가까이 보는 방법은 거점도시인 샤모니Chamonix에서 케이블카를 타고 올라가 해발 3,842m의 에귀유 뒤 미디Aguille-du-Midi 전망대에서 바라보는 것이다.

샤모니는 몽블랑과 함께 알피니즘의 발상지이고, 최초의 동계 올림픽이 열려 세계인들에게 널리 알려진 산악도시다. 몽블랑 전망대와 몽블랑 둘레길을 가는 케이블카, 그리고 수많은 트레일이 이곳에서 시작된다.

몽블랑을 기점으로 알프스산맥의 허리를 한 바퀴 도는 둘레길을 TMB, '투르 드 몽블랑Tour du Mont Blanc'이라고 한다. 약 170km 거리에 10일 내외의 시간이 걸리는 장거리 코스로 프랑스, 이탈리아, 스위스 3국의 알프스를 밟는다.

하루에 고도 차이 1,000m를 매일 오르는 것과 같은 고난의 여정이지만, 고난이 끝나면 아름다운 풍경과 정겨운 사람들을 만났던 추억이 영원히 남는다. 여름철인 6~9월에만 산장을 운영한다. 세계의 트레커들이 모여들므로 상당히 오래전에 예약하여야 한다.

14.

슈바르츠발트Schwartz Wald 국립공원

독일

얼마나 울창하면 깜깜한 숲,
블랙 포레스트Black Forest일까

얼마나 나무가 빽빽하게 들어찼으면 black forest(검은 숲), 흑림黑林으로 부를까. 더구나 서울시 면적의 10배에 이르는 6,000㎢의 수해樹海, 거대한 숲의 바다다. 그곳은 독일의 슈바르츠발트Schwarz Wald, 곧 '검은 숲'이다.

고대의 로마인들이 이곳에 와서 숲이 너무 울창하고 어두워서 들어갈 수 없다며 '검은 숲'으로 부르기 시작했다. 낮에도 컴컴한 숲이라 유령과 마녀의 스토리가 많고, 숲에서 길을 잃은 「헨젤과 그레텔」 동화의 소재가 되었다. 이곳은 정각마다 뻐꾸기 인형이 나와서 울고 들어가는 뻐꾸기시계가 탄생한 곳이기도 하다.

독일의 남서부 끝에서 프랑스, 스위스와 인접한 지역에 위치한 슈바르츠발트의 최고봉은 해발 1,493m의 펠트베르크산이고, 이곳은 장장 2,858km를 흘러가는 다뉴브(도나우)강의 발원지다.

슈바르츠발트의 대부분은 자연공원으로 지정되어 있고, 그 안에 면적 100㎢의 '핵심 숲'이 국립공원으로 지정되어 있다. 자연공원Nature Park은 사람 이용과 지역경제 기여를 중시하며, 자연을 침해하지 않는 관광sustainable tourism을 권장한다. 반면에 국립공원National Park에서는 "자연은 자연 그대로 둔다Leave nature to nature"는 원칙으로 야생동식물 보호와 생물다양성 증진에 중점을 둔다.

자연공원에는 레크리에이션Recreation 시설이 많지만, 국립공원에는 꼭 필요한 시설만 최소한으로 둔다.

검은 숲의 밖과 안

14. 슈바르츠발트 국립공원

햇빛이 들어오지 않을 정도로 울창해서 '검은 숲'이다. © Tucker / 주요 수종은 뾰족하게 30m 이상 자라는 가문비나무와 전나무. 150년 전에 심은 인공 조림지로, 사진 아래처럼 일부 벌채를 해서 다른 식물도 자라게 하는 '생태계 관리'를 하고 있다.

초록 숲 산책로
검은 숲의 가장자리와 산책로는 초록 숲이다. 숲 사이사이로 산책로와 장거리 트레일, 자전거길이 그물망처럼 나 있다. 이 숲을 좀 걸으면 목이 아프다. 나무 끝이 어딜까 계속 올려다보게 된다. 나무 높이는 30~40m에 이른다.

슈바르츠발트는 나무들의 천국, 여가 활동의 천국

슈바르츠발트 국립공원과 자연공원에는 23,000km에 달하는 탐방로와 자전거길이 나 있고, 이들은 유럽 대륙의 장거리 탐방로와 연결되어 있다.

특히 북쪽 끝 포르츠하임Pforzheim에서 남쪽 끝 스위스의 바젤Basel까지 285km 뻗어 있는 '웨스트 웨그West Weg 트레일'을 걸으면 슈바르츠발트의 대표 경관들을 모두 볼 수 있다.

'검은 숲'의 시원한 그늘 밑에서 걷기, 등산, 자전거 타기, 래프팅, 패러글라이딩. 스키, 스노보드 등 이곳에서는 모든 종류의 여가 활동을 즐길

트리탑 탐방로 Tree-top Walk
슈바르츠발트의 북쪽 바트 빌트바트Bad Wildbad에 있는 전망탑. 휠체어와 유모차 이용이 가능하다. 정상에 오르면 가문비나무와 전나무로 이루어진 '뾰족뾰족한 나무의 바다'가 펼쳐진다. / 오른쪽 사진의 미끄럼틀에 들어가면 탄환처럼 내리쏘아져 스릴 만점이다. 사람들의 비명소리가 들린다.

수 있다. 숲속의 어여쁜 중세 마을에서 가벼운 산책이나 온천욕을 하거나, 아무것도 안 하고 그저 멍 때라는 것도 이곳에서는 너무 자연스러운 힐링 방법이다.

슈바르츠발트 전체에서 여행과 관련된 일자리가 14만 개가 넘을 정도로, 이곳은 나무들의 천국이면서 관광 천국이기도 하다.

어여쁜 '아기 호수'
티티제

슈바르츠발트의 남쪽 거점도시는 프라이부르크Freiburg다. 환경 선진국

티티제 호수 유람선
호수도 보고 숲도 보고, 사람들도 본다. 입술을 뚫어 온갖 고리를 번쩍번쩍 매단 소녀도 있고, 청바지를 엉덩이에 간신히 걸쳐 흘러내릴 듯 아슬아슬한 소년도 있다. 머나먼 여행지에서 문화적인 차이를 인정하려 애써 본다.

인 독일에서도 가장 환경친화적인 도시라서 독일의 노년층이 가장 살고 싶어 하는 도시다.

프라이부르크의 남쪽 '검은 숲'에 독일인들이 사랑하는 티티제 호수가 있다. 이곳 사투리로 티티titi는 아기, 제see는 호수다. '아기 호수'다. 호수의 가장자리로 중세풍의 교회와 저택들이 들어서 있고, 한쪽에는 커다란 야영장이 조성되어 있다. 호수보다 마을이 예쁘다고 할 정도로 '지붕이 높고 넓고 각이 진' 독일풍의 집들이 늘어서 있다. 상가도, 호텔도, 간판도, 진열품들도, 종업원들도, 음식 모양도 다 예쁘다.

호수의 맑고 조용한 수면을 미끄러지듯 도는 유람선을 타고 호수와 숲과 산을 감상한다. 물이 차가워서 여름에만 수영이 가능하다. 몸매 좋은 청년들과 몸매 없는 노인들이 함께 풍덩대며 어린이가 된다.

봄에는 호숫가에 피는 꽃들로 수채화 같고, 가을에는 수면 위로 떠오르는 물안개가 서정적이며, 겨울에는 꽁꽁 언 빙판에 하얀 눈이 덮이는 설국이다. 위대한 경관도 압도적인 풍경도 아니지만, 티티제의 이름인 아기처럼 안아주고 싶은 풍경이고, 마음이 편안해지는 호수다.

티티제 호수는 '검은 숲'에 둘러싸여 있다. 호수의 가장자리를 도는 탐방로에 '검은 숲'으로 들락날락할 수 있는 오솔길이 여러 개나 있다. 그 길에 들어가면 정말 햇빛 한 줌을 보기 어려운 '검은 숲'이다. 상큼한 나무 냄새, 향긋한 풀냄새, 비릿한 낙엽 냄새, 구수한 흙냄새가 숲속에 가득하

쉴타크Schiltach **마을**
슈바르츠발트에는 300개가 넘는 마을이 있다. 아름다운 자연과 더불어 예쁜 마을과 그곳의 스토리도 '필수적인' 관광자원이다. © Harke

프라이부르크 중심가
슈바르츠발트의 남쪽 거점도시 프라이부르크는 도시의 일부 지역에 자동차 진입을 금지하고, 저공해 대중교통과 자전거 사용을 활성화한 친환경 도시이다. 정원과 공원이 많은 도시, 공해가 없는 도시, 햇볕양이 많은 도시로서 노후를 보내기 가장 좋은 도시로 꼽힌다.

다. 피톤치드Phytoncide로 샤워하면서 몸 안의 모든 나쁜 기운이 다 씻기는 느낌이다.

자연에 난 상처는 "자연이 치료하도록 기다린다!"
독일 국립공원에서 자연을 관리하는 원칙은 '자연에 맡기는 것'이다. 외부에서 들어온 해충에 의해 나무가 말라 죽어도 그대로 둔다. 나무 한 그루가 쓰러지면 숲 바닥에 햇빛이 닿아 여러 종류의 식물 씨앗이 싹을 틔우고 자라, 숲은 더 다양한 식물들로 건강해진다.

자연에 맡기는 숲 관리

독일은 세계 최고의 과학 강국이지만, 국립공원 관리는 전적으로 자연에 맡기는 전략을 취하고 있다. 자연이 자연을 더 잘 알고 있기 때문이다.

본래의 슈바르츠발트는 여러 나무가 섞인 혼합림이었으나, 대규모 벌채와 경작지 조성으로 민둥산이 된 이후, 19세기 중반에 가문비나무와 전나무를 대대적으로 심어서 키워낸 인공 조림지다. 산은 울창해졌지만 수종이 단순해서 많은 생물을 품어내지 못한다. 최근에는 지구온난화로 인한 가뭄과 해충의 침입으로 가문비나무가 말라 죽는 현상이 증가하고 있다.

그래서 국립공원에서는 인공 조림지를 점차적으로 벌채하고 너도밤나무나 자작나무 등의 활엽수를 심거나 벌채한 숲을 그대로 두어 다양한 식물과 동물이 유입되도록 하는 '생태계 변화 관리'를 하고 있다. 이런 지역에 대해서는 100년 동안 사람 출입을 엄격히 금지해서 사람 간섭 없이 자연 스스로 복원되도록 한다. 슈바르츠발트에서는 이런 조치에 의해 사라졌던 송골매와 피그미 올빼미가 돌아오는 등 '국립공원 효과'가 나타나고 있다.

이처럼 독일의 국립공원에서는 자연의 야생성이 스스로 회복되도록 자연에 개입하지 않는 전략을 취하고 있다. 이와 관련 어느 여행자의 책에 다음과 같이 쓰여 있다. … "슈바르츠 발트 국립공원에 태풍 피해를 입은 후 자연 그대로 놔두었다. 그러자 자연 스스로 최선의 방법을 택해 부활했다. 불모지에 여러 개척식물들이 땅을 뒤덮었고, 이전에 없던 여러 종의 나무들이 높이 자라고 널리 퍼졌다. 이처럼 여러 식물들이 혼합되어 있는 숲에서 나무들은 안정되고 튼튼하게 자라나 강한 저항력이 생겨 거센 태풍에도 끄떡없게 된다. 숲이 이런 환경을 갖추자면 시간이 필요하다. 우리가 숲에게 베풀어 주어야 하는 시간은 다시 말하면 결국 우리 자신에게 베푸는 시간이다." (쿠르트 파이페, 2009, 천천히 걸어 희망으로)

세계 최대의 갯벌 보호지역 바덴해 Wadden Sea

3국에서 5개 국립공원을 지정하여 공동관리

바덴해 국립공원으로 들어가는 문

네덜란드에서 독일을 거쳐 덴마크까지 500km의 해안에 걸쳐 있는 바덴해 국립공원은 갯벌과 습지가 인류와 생물에게 얼마나 귀중한 곳인지를 알려주는 곳이다.

국립공원이 얼마나 중요한 곳인지 울타리가 쳐져 있고, 공원으로 들어가는 길목의 노란 표지판에 공원에서의 규칙과 '안전은 본인 책임'이라는 글이 적혀있다. 사진의 가운데 목초지는 국립공원을 보호하는 완충구역이다.

한때 갯벌은 버려진 땅으로 인식되어 매립의 대상으로 여겼다. 그러나 갯벌은 지구에서 생물다양성이 가장 높은 곳으로, 육지의 오염물질을 정화하여 바다를 보호해 주고, 바다의 파도로부터 육지를 보호해 주며, 주민들에게는 식량과 소득을 안겨주는 보물단지다.

독일에서 가장 중요한 보호지역은 세계 최대의 갯벌인 바덴해 Wadden Sea로, 해안선 길이가 500km, 총면적 11,500㎢에 달한다. 이곳의 갯벌, 모래, 염습지, 섬, 바다에는 2,300종이 넘는 식물과 4,200종이 넘는 동물, 1,300종이 넘는 진균류 macrofungi가 서로 얽혀서 복잡한 생태계를 이루고 있다. 이런 자연생태계를 과학적으로 연구하고 엄정하게 보전하기 위하여 독일에서 총면적

갯벌 탐사

갯벌 탐사는 반드시 레인저 또는 해설 전문가가 인솔하고, 정해진 구역을 벗어날 수 없다. 교육을 위해 잡은 생물은 반드시 놓아준다.

8,000㎢의 3개 국립공원을, 북쪽 덴마크와 남쪽 네덜란드에서도 각각 1개의 국립공원을 지정하여 3국이 통합적인 관리를 하고 있다.

3국의 공동사무국은 최근의 지구온난화, 외래종 증가, 선박 영향(기름 유출)이 바덴해 갯벌을 가장 위협하는 요인으로 인식하고 공동 대응하고 있다. 또한 매년 천만 명의 방문객들에 의한 생태계 영향을 최소화하면서 이들에게 갯벌 체험과 동물 탐사, 환경 교육 등의 서비스를 제공하고, 지역사회에도 경제적 혜택을 주면서 '보전과 이용의 조화'를 꾀하는 공원 관리를 하고 있다.

15.

돌로미티 벨루네시 Dolomiti Bellunesi 국립공원

이탈리아

절벽 같은 돌산, 흘러내리는 돌밭,
초록 초원이 어우러진 그림 풍경

기원전 218년 카르타고의 명장 한니발이 10만 대군과 코끼리를 이끌고 알프스를 넘어 로마로 진군했다. 이 알프스가 돌로미티Dolomiti다. 알프스산맥의 동쪽에서 광활한 산악을 형성하고 있는 돌로미티는 해발 3,000m급 18개 봉우리를 비롯한 가파른 산과 깊은 계곡, 빙하 지형과 호수, 카르스트, 구릉과 초원 등의 경관적·생태적·지질학적 가치가 매우 뛰어나 1,419㎢에 이르는 면적이 세계유산으로 등재되었다. 이 중 310㎢가 돌로미티 벨루네시 국립공원으로 지정되어 있다. 알프스의 서쪽에 몽블랑이 있다면, 동쪽엔 돌로미티가 있다고 할 정도로 뛰어난 풍광을 자랑한다.

돌로미티는
'돌로 미친' 국립공원

돌로미티는 돌로마이트dolomite(백운석)라는 지질에서 유래한 이름이고, 벨루네시는 공원에서 10km 떨어진 도시 벨루노Belluno를 의미한다. 즉, 돌로미티 벨루네시는 "벨루노 지역의 돌로마이트 지형 국립공원"이라는 이름이다.

돌로마이트는 부서지기 쉬운 석회암이다. 석회암의 바깥은 다 부서지

돌로미티 대표 경관 '트레 치메 디 라바레토Tre Cime di Lavaredo'

돌로디티 지형의 모든 것이 모여있는 트레 치메(세 봉우리) 풍경. 돌로미티는 석회암의 한 종류로 부서지기 쉬운 성질을 갖고 있어 조각하듯 아름다운 풍경을 만들어 낸다. 거대한 석회암 돌산이 부서져 돌 부스러기들이 고원을 뒤덮는 과정이 파노라믹하게 펼쳐져 있다. 왼쪽은 피아니 호수, 가운데는 로카텔리 산장, 오른쪽은 트레 치메 세 봉우리. © Cristopher Moswitzer

고 단단한 부분만 남아있는 돌 봉우리와 돌 절벽, 돌밭 등의 돌 지형이 공원면적의 25%에 달한다. '돌로 미친' 국립공원이다.

돌로미티의 최고봉은 해발 3,343m의 마르몰라다Marmolada봉이고, 국립공원의 최고봉은 해발 2,565m의 키아라Schiara봉이다. 히말라야의 8,000m 이상 봉우리 14좌를 최초로 등정했고, 어려운 길을 택해 등반해야 진정한 등산이라고 주장해서 산악인들의 본보기가 된 등산가 라인홀트 메스너Reinhold Messner의 고향이 돌로미티다.

돌로미티 벨루네시 국립공원의 면적은 국토의 0.1%에 불과하지만, 전국토 관속식물(뿌리, 줄기, 잎이 있는 식물)의 25%에 해당하는 1,400종이 살고 있어 이 공원의 생태적 중요성이 그만큼 크다는 것을 알 수 있다. 곰, 스라소니, 늑대의 서식이 확인되고 있기도 하다.

선사시대의 고고학적 흔적과 중세의 유적, 현대의 광산과 군사시설 등 문화자원도 많다. 이곳은 20세기 초까지 이탈리아·오스트리아·헝가리의 국경으로 주변에 전쟁 유적이 많다.

국립공원의 거칠고 아름다운 풍경 사이로 약 300km의 탐방로가 조성되어 있다. 공원사무소의 홈페이지에서 다양한 주제의 탐방로를 자세하게 소개하고 있어 트레킹, 암벽등반, 계곡타기canyoning, 자전거 타기, 승마, 패러글라이딩, 스키, 눈썰매 등 자기 취향과 체력에 맞는 '액티비티 종목'을 고를 수 있다. 돌로미티에서 가장 크고 유명한 관광마을인 담베초는 2026년 동계 올림픽 개최지로 선정되었다.

트레 치메 세 봉우리 디테일

돌로미티 지역의 상징인 트레 치메(세 봉우리)는 퇴적층이 뚜렷하게 보이는 석회암이다. 즉 육지의 흙과 모래가 바다에 퇴적되어 압축된 후, 지질작용에 의해 육지로 솟아올라, 이후 계속 깎여나가고 있는 과정에 있다. 가장 높은 가운데 봉우리 치마 그란데Cima Grande는 해발 2,999m. 세 봉우리 밑을 크게 한 바퀴 도는 10.6km의 트레일이 있다.

돌로미티의 아이콘 트레치메와 에메랄드 물빛 호수들

로카텔리 산장 Locatelli Refuge

'세 봉우리'를 바라보는 해발 2,405m에 위치한 마지막 산장. 하루 묵으며 체험하는 세 봉우리 일출과 일몰의 붉은 노을, 별이 빛나는 밤은 잊을 수 없는 추억을 남긴다. 6월 말부터 9월까지 일부 기간만 운영한다. 2월 중순 이후에 예약신청을 받는데, 인기가 많아서 일찍 예약해야 한다.

돌로미티의 아이콘은 세 봉우리를 뜻하는 '트레 치메 디 라바레도Tre Cime di Lavaredo'다. 뾰족한 바위 봉우리가 절벽처럼 서 있는 수직적 경관 아래에, 부서진 돌이 모래처럼 흘러내리고 있는 비탈, 그 아래로 울룩불룩한 구릉이 넓게 펼쳐진 수평적 경관이 극단적으로 대비되고 있는 압도적인 풍경이다. 장구한 시간의 흐름과 지형의 변화를 탁! 느끼지 않을 수 없다.

카레짜Carezza **호수**

해발 1,520m에 있는 고산 호수로 햇빛에 비치는 물색이 여러 빛깔이라 '무지개 호수'로 불린다. 멀리 석회암 산맥과 가까이 침엽수림이 호수에 반영된 풍경이 일품이다. 호수 둘레를 1시간쯤 걷는 트레일이 있다. © Kevin Schmid

'세 봉우리'를 중심으로 면적 110㎢의 자연공원이 지정되어 있고, 공원은 모두 '돌로미티 세계유산'에 포함되어 있다. 이곳을 둘러보려면 아래 주차장에서 약 4~5시간의 왕복 트레킹을 하거나 트레 치메 입구의 로카텔리 산장을 비롯한 인근의 산장에서 숙박해야 한다.

세체다Seceda 산
돌로미티 중에서도 중부의 오들레 자연공원에 속한 지역이다. 멀리 있는 산은 절벽이 솟아오른 듯하고, 가까이 있는 언덕은 절벽이 내려앉은 듯한데, 그 아래에 절벽이 계속 깎여 나가는 모습이 완연하다. 절벽의 수직과 초원의 수평이 멋진 대비를 보인다. © Riddick Soad

돌로미티의 또 다른 명소로 에데랄드 물빛으로 유명한 카레짜Carezza 호수와 브라이에스Braies 호수, 그리고 세체다Seceda 산이 있다. 카레짜는 호수에 반영된 바위 산맥을 바라보는 조망이 일품이고, 브라이에스에서는 잔잔한 호수에서 노를 젓거나 호수 주변의 3.6km 탐방로를 가볍기 걸으며 그림엽서 같은 풍경을 즐긴다.

세체다에서는 해발 2,500m 언덕까지 케이블카로 올라가 초록 초원에 야생화가 가득한 들판에서 트레킹을 하거나 산악자전거를 타며 돌로미티의 평화를 누린다. 그리고 절벽이 솟구친 것 같은 먼 산과 절벽이 쓰러진 것 같은 가까운 산자락을 바라보며 돌로미티의 거친 풍광을 만끽한다.

돌로미티의 그림엽서 풍경
그림엽서 한 장. 돌로미티에서 가장 아름다운 산촌마을 산타 막달레나Santa Magdalena. 공룡의 등처럼 뾰족뾰족한 거대한 바위산 아래에 푸른 초원이 펼쳐져 있고, 거기에 인형 같은 집들이 지어졌다. 바위산 이름은 독일어로 가이슬러Geisler, 이탈리어로 오들레Odle(뾰족한 바늘)이다. © Fokkebok

지역에 따라 자연풍경도, 도시 이미지도, 사람 개성도 각각 다른 이탈리아

이탈리아는 남북으로 길게 장화 또는 하이힐처럼 생기고, 삼면이 바다인 모습이 우리나라와 닮았다. 이탈리아는 유럽 문명에 지대한 영향을 끼친 로마 제국과 가톨릭의 발원지, 그리고 르네상스의 중심지로서 도시마다 다양한 역사와 유적을 품고 있다.

국토 전체가 관광지인 이탈리아를 여행하다 보면 여행지마다 각각 다른 국가를 여행하는 느낌을 받는다. 그만큼 지역별로, 도시별로 개성이 뚜렷하고, 풍경과 문화가 크게 다르다.

두오모 성당
이탈리아에서 도시의 심장은 두오모Duomo다. 두오모는 도시를 대표하는 성당을 이르는 말이고, 그 도시의 큰 행사는 대부분 두오모 광장에서 벌어진다. 이탈리아에서 가장 유명한 두오모는 왼쪽 사진의 밀라노 대성당과 오른쪽의 피렌체 대성당이다.
세계문화유산인 피렌체 대성당은 착공한 지 173년 만인 1469년에 완공되었고, 이탈리아 최대 규모의 밀라노 대성당은 14세기에 착공해서 580년 만인 1965년에 완공되었다.

이탈리아에는 25개의 국립공원이 국토 면적의 5.3%에 지정되어 있다. 이탈리아에는 로마, 나폴리, 베네치아와 같은 관광도시가 워낙 유명해 자연 경관지의 이름을 크게 알리기 어렵다. 그러나 그만큼 잘 보호된 자연에서, 신선도 높은 자연을 한껏 호흡하며 여유로운 여행을 즐길 수 있다.

특히 돌로미티와 인근의 알프스 지역은 "이탈리아-알프스는 다른 유럽-알프스와는 다르다!"라고 말할 정도로 거친 산악과 평화로운 초원 풍경이 어우러진 매우 독특한 풍경을 자랑하고 있다.

16.

스위스Swiss 국립공원

스위스

하나밖에 없어 더 아름다운
스위스 유일의 국립공원

국토 전체가 국립공원이라 할 만큼 아름다운 스위스에 오직 하나의 국립공원만 있는 것은 의외다. 국토 면적이 강원도와 비슷할 만큼 좁고, 국토 곳곳이 이미 오래전부터 케이블카나 산악열차 등이 들어간 관광지로 이용되고 있어, 별도의 큰 면적을 떼어내 국립공원으로 지정하기 어려운 사정이 있었을 것이다.

유럽 알프스 전체에서 가장 일찍 지정된 스위스 국립공원의 1914년 지정 당시 면적은 25㎢에 불과했지만, 이후 3차례에 걸친 공원구역 확장으로 현재 면적은 170㎢에 이르고 있다.

스위스 국립공원은 스위스의 남동부에서 이탈리아와 국경을 접하는 엥가딘Engadin 지역에 위치하고 있다. 해발 1,400~3,000m의 고지대이기 때문에 산 중간에 침엽수림 28%, 고산 초지 21%가 있고, 산 정상부는 나무가 자라지 않는 바위너덜 지대다. 최고봉은 해발 3,174m의 피속Pisoc봉이다.

스위스 국립공원에는 샤모아(산양)를 비롯해 붉은사슴, 마멋, 수염독수리, 불곰 등의 '알프스 동물'이 살고 있다.

스위스 국립공원의 마쿤Macun 고원
공원 중심인 체르네츠Zernez에서 약 10km 떨어진 외곽의 고원지대. 빙하가 흘러내리며 조각한 지형에 물빛이 서로 다른 20여 개의 호수가 담겨 있다. 스위스에 국립공원이 많을 것 같지만, 오직 1개의 국립공원만 지정되어 있다. 유일한 국립공원이라 그런지 유럽에서 가장 엄격한 규칙을 정하여 공원 관리를 하고 있다. 자연 그대로의 경관과 생태계를 유지하기 위해 케이블카도 산악열차도 없다. © Hans Lozza

다른 곳에는 많지만,
국립공원에 케이블카는 없다

'하나밖에 없는' 국립공원이어서 그런지 스위스 국립공원에서는 자연에 해가 되는 행동을 엄격하게 제한하고 있다. 애완동물은 들어갈 수 없고 모든 쓰레기는 되가져 나와야 한다. 11월~5월까지의 겨울에는 공원을 폐쇄한다. 적설량이 많고 눈사태 위험이 있으며, 그런 환경에서 어렵게 먹이를 찾는 야생동물들의 생존을 방해하지 않기 위해서다.

스위스-알프스의 많은 곳에 케이블카가 있지만, 이곳 국립공원에는 케이블카도 산악철도도 없다. 유럽의 알프스 전체에서 스위스 국립공원은 인공시설이 없는, 자연 그대로의 알프스를 감상할 수 있는 유일한 곳이다. 공원 지정 이후 111년 동안 변한 것은 없으며, 앞으로도 그럴 것이다.

스위스 국립공원에는 100km에 달하는 21개 탐방로와 자연관찰로가 있다. 각 탐방로는 산책로 regular trail(초급), 등산로 mountain trail(중급), 알파인 트레일 alpine trail(고급)로 구분해서 탐방객의 체력 수준에 맞게 이용하도록 권고하고 있다.

스위스 국립공원의 하이킹 시

100년 만에 찾아온 불곰 Brown bear

스위스 알프스에 서식했던 마지막 불곰이 1904년 사냥꾼에 의해 사살된 후 완전히 멸종되었다. 그로부터 100년 뒤인 2005년에 스위스 국립공원에서 60km 떨어진 이탈리아의 〈아다멜로 브렌타 Adamello-Brenta〉 자연공원에서 어린 개체가 찾아오기 시작해, 현재도 매년 소수의 불곰이 이주하고 있다. © Schweizerischer National Park

스위스 국립공원의 로고와 주의 사항

왼쪽 스위스 국립공원 로고의 새는 잣까마귀 nutcracker. 온몸에 하얀 얼룩점이 있고, 높은 지대에 서식한다. / 오른쪽의 각종 주의 사항. "이곳은 알프스산맥에서 제일 오래된 국립공원입니다. 이곳의 자연이 자연 그대로 지켜질 수 있도록 어떠한 간섭도 해서는 안 됩니다. 점잖은 손님으로서 이 아름다운 풍경이 어떤 방해도 받지 않고 스스로 변화되도록 도와주십시오." / 아래에도 이런저런 행동을 하지 말라는 '빨간 줄 픽토그램'이 가득하다.

취리히 야경

스위스 제1의 도시 취리히를 현지인들은 '쥐릭Zurich'으로 발음한다. 아름다운 강과 호수, 고색창연한 옛 시가지와 유명한 성당들을 두루 둘러볼 수 있는 관광도시, 문화도시다. 16세기 초에 츠빙글리가 종교 개혁을 시작했던 종교도시이기도 하다. 다 좋은데, 물가가 살인적이다.

즌은 6월~10월로, 이때 국립공원 레인저가 인솔하는 가이드 투어와 동물 관찰 탐사가 인기다. 어린이와 가족 단위가 많이 참여하는 이 프로그램에 참가하려면 오래전에 예약해야 한다. 암벽과 빙벽, 빙하가 있어 난이도가 높은 '알프스 트레일'에도 많은 등산객이 찾아온다.

융프라우-알레치Jungfrau-Aletsch 세계유산

하얀 설산과 회색 빙하, 초록 초원과 동화마을이 꿈속에서 나타난 듯

스위스 하면 융프라우를 떠올릴 만큼 융프라우 정상에서 바라보는 알프스의 눈 덮인 산과 거대한 빙하는 감동을 넘어 감격적이다. 알레치Aletsch는 알프스산맥에서 가장 규모가 큰 길이 20km, 면적 79㎢, 최대 두께 800m의 빙하다. 융프라우와 알레치 일대의 자연을 묶어 약 538㎢의 산악지대가 세계유산으로 지정되어 있다.

융프라우요흐Jungfraujoch 정상
해발 3,571m의 〈융프라우요흐 스핑크스 전망대〉에서 '유럽의 꼭대기'라고 쓴 해설판 위에 앉아 있는 까마귀. 오른쪽은 해발 4,158m의 융프라우 정상부. 여기 서면 365도를 빵 둘러 알프스의 사방팔방을 전망할 수 있다. 밑으로 내려가 알레치 빙하가 시작되는 눈밭에서 알프스 만년설을 실컷 밟을 수 있다. ⓒ 송병용

빙하와 암석이 전체 면적의 80%에 달하지만, 나머지 장소의 숲과 초지에 1,800여 종의 식물과 700여 종의 이끼가 자라고, 알프스산양과 아이벡스를 비롯한 커다란 포유동물들이 살아갈 만큼 '생명력 넘치는' 생태계를 이루고 있다.

융프라우와 그린델발트 마을

케이블카에서 내려다본 그린델발트^Grindelwald 마을. 기차와 케이블카뿐만 아니라 수많은 하이킹 코스의 출발점이고 다양한 산악 레포츠의 거점이다. 알프스의 정서가 흠뻑 담긴 거리와 '샬레^chalet'라고 부르는 전통 건물이 즐비한 옛 마을이다. 목가적인 풍경과 마을 위에 우람하게 솟은 융프라우의 산악경관은 수백 번 보아도 질리지 않는 초록빛 유토피아다.

사방팔방이
세계 최고의 그림 풍경

해발 4,158m의 융프라우는 젊은jung 처녀frau라는 뜻으로, 어떤 수녀님을 기리기 위해 붙여진 이름이다. 그 아래의 해발 3,571m 지점에 융프라우를 전망하는 지점을 의미하는 융프라우요흐Jungfraujoch가 있고, 거기에 스핑크스 전망대가 있다. 365도를 빙 둘러 알프스의 드넓은 지붕과 기다란 알레치 빙하를 바라보는 곳이다.

융프라우요흐에서 알프스의 꼭대기를, 케이블카에서 알프스의 산줄기와 아래의 초원을 내다보면 일상에서는 볼 수 없는 꿈같은 풍경이 나타난다. 하얀 산은 산대로, 회색 빙하는 빙하대로, 산 밑의 초록 초원은 초원대로, 동화 속 같은 마을은 마을대로 각자가 자기 분야에서 세계 최고의 그림이다.

알레치 빙하

융프라우요흐에서 내려다본 알레치 빙하. 이곳에는 하얀 얼음이 가득하지만, 아래로 내려갈수록 빙하가 움츠러들고 있다. "알프스산맥의 빙하는 1850년부터 총부피의 3분의 2가 줄었고, 빙하가 감소하는 속도는 더 빨라지고 있다. 지구온난화를 일으키는 탄소의 배출량을 줄이지 않으면 빙하는 전부 사라질 것이다."(내셔널지오그래픽, 2022. 3)」 © 송병용

알레치 빙하 트래킹

빙하가 녹아 세차게 흐르는 물길을 뛰어넘는다. 빙하기에 얼어붙은 것들이 6만 년이 지난 지금 녹아서 흘러내린다. / 알레치 빙하를 내려다보는 콩코르디아 산장에서 '융프라우 생맥주' 한 잔. 구수하면서 시원하고, 목 넘김이 부드럽다. 두고두고 잊기 어려울 것이다. 〈글, 사진 신준범〉

마터호른 Matterhorn

융프라우에 '절대로' 뒤질 수 없는 세계 3대 미봉美峰

마터호른은 체르마트의 수호신
산악기차를 타고 체르마트Zermatt를 지나며 바라본 마터호른. 마터호른은 초원matte의 뿔horn이란 뜻이다. 체르마트는 알프스에서 가장 청정한 산악마을이다. 맑은 공기와 쾌적한 환경을 위해 전기자동차와 마차, 자전거만 다닌다. © 신성희

스위스 국립공원과 융프라우만으로 알프스 이야기를 끝내면 알프스의 수많은 명소가 나를 왜 빼느냐고 아우성을 친다. 그중에서도 '백미白眉 중의 백미'처럼 고고한 자태를 뽐내는 산이 있으니 다름 아닌 마터호른이다. 세계에서 가장 아름다운 봉우리로 칭송받으면서 가장 많은 카메라 세례를 받는 봉우리이다. 아름다운 만큼 '깐깐해서' 알프스에 있는 4,000m 이상의 70개 봉우리 중에서 마지막으로 등정된 봉우리다.

마터호른을 가까이 알현하려면 산악마을 체르마트Zermatt에서 산악기차를 타고 해발 3,089m의 고르너그라트Gornergrat 전망대로 올라간다. 그곳

마터호른
스위스와 이탈리아의 경계에 위치한 해발 4,478m의 '미스 마운틴'. 길쭉하고 매끈하게 휘어져 솟아오른 몸매가 유연하면서도 각이 잡혔다. 구름을 휘감아 자태를 감추던 마터호른이 잠깐 구름을 열어 자기가 '세계 3대 미봉美峰' 중 하나임을 알리고 있다.

에 서면 4,000m급의 29개 봉우리와 거대한 빙하들이 시야에 가득 들어온다 거기에 '명품 중의 명품' 마터호른이 고고하게 떠 있다.

17.

싱벨리어 Thingvellir 국립공원

아이슬란드

천국과 지옥이 공존하는
아이슬란드에서 북아메리카와 유라시아 대륙이 갈라지는 국립공원

아이슬란드는 보통 나라가 아니다. '아이스ice' 랜드인 동시에 '핫hot' 랜드다. 겉은 얼음과 빙하에 덮인 설국이지만, 속은 마그마가 부글부글 끓어 화산 폭발이 끊이지 않는다. 화산은 재난이지만, 따듯한 지열과 우윳빛 온천과 오로라의 향연은 혹독한 환경이 준 선물이다.

성난 비바람과 차디찬 눈보라가 몰아치는가 하면 어느새 따듯한 햇볕과 부드러운 미풍이 감싼다. 영화를 찍을 때 가장 원초적인 자연도, 가장 지옥 같은 경관도, 가장 외계 같은 장면도 아이슬란드에서 찍는다. 국토 면적은 우리나라와 비슷한데, 인구는 40만 명에 불과하다. 그러니 몇 개 안 되는 도시를 벗어나면 사람 구경하기 힘든 나라다. 국토 대부분이 국립공원급 자연이다.

아이슬란드는 두려운 자연과
고요한 풍경이 공존하는 곳

주변의 자연이 너무 거칠어서 그랬을까, 아이슬란드의 수도 레이캬비크는 세계에서 가장 평온한 도시serene city, 즉 가장 조용하고 안전한 도시로 선정된 바 있다.

레이캬비크 주변에서 가장 대표적인 풍경 세 곳인 싱벨리어 국립공원,

싱벨리어 국립공원의 벌판

지구에서 가장 활발한 지진대가 국토의 중심을 통과하는 아이슬란드에서 싱벨리어 국립공원은 지진대의 중심에 위치하고 있다. 사진 아래의 기다란 협곡은 북아메리카판과 유라시아판 사이에 생긴 작은 '틈'이다. 지진과 화산이 불꽃 튀는 지형이었지만, 언제 그랬냐는 듯, 다 지나간 일이라는 듯 고요한 풍경이다. © Bob

게이시르 간헐천, 굴포스 폭포를 잇는 관광 루트를 '골든 서클Golden Circle'이라고 부른다. 아이슬란드에 온 여행자라면 반드시 들리는 핫플레이스Hot Place다.

싱벨리어 국립공원은 레이캬비크로부터 불과 40km 거리에 있고, 그곳에서 게이시르 간헐천은 차량으로 50분, 그곳에서 굴포스 폭포는 10분 거리에 있다. 우선 싱벨리어 국립공원으로 간다.

레이캬비크를 벗어나자마자 풍경은 완전히 딴판으로 바뀐다. 조금 전 도시의 잔상은 일시에 사라진다. 황량한 벌판에 우윳빛 안개가 몽롱하게 흐르고, 바람은 차갑고 공기는 습하다. 쌀랑하다. 가로수도 신호등도 없는, 표지판도 차량도 거의 없는 도로가 '낯선' 풍경 속으로 빨려 들어간다. 저 속으로 들어가 무엇을 만날지 여행자의 심리는 기대 반, 불안 반이다. 야생의 짐승을 잡아다 다른 곳에 풀어놓았을 때의 심정이 이럴 것이다. 자유와 두려움!

화산이 폭발해 생긴 벌판,
대륙과 대륙이 부딪쳐 생긴 협곡

싱벨리어Thingvellir는 벌판을 의미한다. 화산 폭발로 용암이 흘러 평편해진 벌판인데, 겉으론 고요하지만, 땅속에선 거대한 힘들이 부딪치고 있다. 지구의 대륙을 서로 때리고 벌리는 힘이다.

벌판의 한쪽에 기다란 협곡이 있는데, 그곳은 북아메리카판과 유라시아판 지각이 부딪쳐서 그사이에 생긴 틈이다. 이 틈은 지금도 매년 2cm 씩 벌어지고 있다. 협곡 가운데 길로 사람들이 걸으며 북아메리카와 유라

대륙을 가르는 협곡
왼쪽은 북아메리카, 오른쪽은 유라시아 대륙이다. 다리를 양쪽에 걸치고 서서 두 대륙의 울림을 느껴 본다. 1년에 2cm씩 벌어진다니, 두 대륙이 이 틈으로 숨을 쉬는 것일까? 라는 생각이 든다.

시아 대륙을 왔다 갔다 하는 것이다.

공원 입구의 방문자 센터를 나와 잠깐 걸으면 싱벨리어의 드넓은 벌판을 내려다보는 전망대가 나온다. 이곳에서 기다란 협곡과 폭포, 강과 호수, 교회와 유적을 이어주는 트레일이 산책로 수준으로 잘 조성되어 있다. 코발트 빛 파란 호수에 반영된 풍경은 지상보다 더 맑고 화사하다.

바람이 부니 수면에 잔잔한 파문이 일뿐, 물 깊이 담긴 풍경은 흔들리지 않는다. 아이슬란드에 정착한 바이킹 민족의 역사가 그랬다.

스트로쿠 간헐천 Strokkur geysir

지열geothermal 지대의 땅속에서 부글부글 끓는 지하수와 수증기가 5~10분에 한 번씩, 25~40m의 높이로 분출한다. 분출수가 뜨거워서 탐방객들은 안전선 바깥에서 구경한다.

압력밥솥에서 수증기 분출하듯

싱벨리어 탐방을 마치고 게이시르 간헐천 지역에 들어오니 이곳저곳 하늘빛 연못과 진흙 구멍에서 수증기가 휘날리고 퀴퀴한 유황 냄새가 진동한다. 미국 옐로스톤 국립공원의 화산 지대와 비슷한데, 이곳에는 인공시설이 거의 없어 날것 그대로의 거친 풍경이다.

마그마가 지하수를 가열시켜 생긴 수증기가 압력을 이기지 못해 5~10분 간격으로 지하수와 함께 분출된다. 분출 직전에 물이 소용돌이를 친다. 어떤 물기둥은 높이 40m까지 솟구치지만, 어떤 것은 솟다가 말아 탄성과 탄식이 교차된다.

엄청난 '포스force'가 폭발하는 '굴포스Gullfoss'

굴포스Gullfoss 폭포는 남미 이구아수 폭포를 압축한 듯 웅장하고 파워풀하다. 강물이 거친 파도처럼 내려와 절벽에서 뚝 떨어지는데, 폭탄 수백 개를 한꺼번에 터뜨리면 저런 에너지가 나올 것인가, 이곳 말로 폭포를 뜻하는 '포스foss'가 '포스force'로 느껴질 정도다. 그런 에너지를 이용해 수력발전을 하려는 사업가가 있었다는 것도 이해가 되고, 그걸 막으려고 목숨을 내놓으려 했다는 시골 처녀가 있었다는 것도 이해가 된다. 그런 엄청난 에너지와 숨 막히는 아름다움이 함께 있는 폭포다.

'쿵쿵'하는 굉음을 들으며 정신을 놓고 구경하다 보면 어느새 온몸이 물안개에 젖는다. 굴Gull포스는 황금 폭포라는 뜻이다. 일몰 때 황금빛으로 물드는 절경이 최고이기도 하고, 관광객을 끌어모으는 황금 폭포이기도 하다.

굴포스 폭포의 여름
빙하가 녹아 흘러가는 높이 32m의 3단 폭포. 폭포의 제국인 아이슬란드에서 인기 1, 2위를 다투는 폭포다. 폭포 주변은 화산재로 이루어진 토양이 척박하고, 바람이 심해 나무가 없다. 이끼와 풀들이 두껍게 바닥을 덮었다.

굴포스 폭포의 겨울
아무리 추워도 얼음이 얼 수 없는 엄청난 양의 폭포수가 떨어진다. 떨어진 힘으로 구름 같은 물안개가 솟구쳐 올라, 세찬 바람에 흩어지며 주변을 온통 얼음 밭으로 만든다. 사진에서 오른쪽 위에 점처럼 찍힌 사람들이 밑으로 내려오지 못한다. © 송병용

빙하가 몸을 부수어 다이아몬드가 되다

아이슬란드 동쪽 해안의 바트나요쿨Vatnajökull 국립공원에 가면 두께

브루아르포스 Bruarfoss
굴포스와 싱벨리어 국립공원의 중간에 위치한 폭포. 폭포 못지않게, 폭포가 토해낸 청록빛 강물이 거칠게 흘러오는 야성적인 풍경이 일품이다. © 송병용

스코가포스 Skógafoss
레이캬비크에서 1번 국도의 동쪽 150km에 위치한, 높이 60m 폭 25m의 거대한 폭포. 햇빛이 비치면 늘 무지개가 뜬다. 폭포 옆으로 20분쯤 올라가 전망대에 서면 내가 폭포가 되어 내리꽂히는 기분을 느낀다. 생명을 보장할 수 있다면 새처럼 활공하고 싶다.

600m의 빙하가 산과 구릉을 뒤덮고 있는 풍경을 만난다. 이곳 천년의 빙하 위에서 스틱을 콕콕 찍으며 전진하는 트레킹과 피켈을 '끙끙' 박아가며 올라가는 빙벽등반은 짜릿짜릿하다. 이곳의 빙하가 흘러내려 작은 빙산과 유빙流氷으로 쪼개져 요쿨살론Jokulsarlon 호수에 모인다. 단순한 얼음이 아니라 수천 년 역사가 빚어낸 예술 작품들이다.

유빙의 일부는 파도에 밀려 해변의 검은 모래밭에 올라가 다이아몬드처럼 반짝거린다. 그래서 다이아몬드 해변이다. 신비한 빙산과 아름다운 유빙을 가깝게 보면서, 유빙을 담은 위스키를 맛보는 보트 투어가 인기다.

오로라는 한바탕 신들의 춤

아이슬란드를 여행하면서 반드시 받아야 할 선물이 있다. 그 선물이 여행의 목적이기도 하다. 바로 오로라다.

오로라는 로마신화에서 새벽과 햇빛의 여신인 '아우로라 Aurora'에서 나온 이름이다. 오로라는 대기의 전기 입자들이 공기와 부딪혀 발생시키는 발광發光 현상으로, 북극 지역에서만 나타나는 '초록빛 물결'이다.

아이슬란드에서는 '북극광 Northern Lights'이라고 부르는데, 겨울인 9~4월의 구름이 없는 맑은 날, 별이 총총할 때 나타난다. 어떤 오로라는 번갯불처럼 나타났다가 사라지고, 어떤 오로라는 하늘 전체를 녹색 커튼으로 뒤덮고 한참 동안 나부낀다.

여행사의 '오로라 헌팅 투어'에 참여하거나 기상청에서 제공하는 오로라 예보를 따르면 오로라를 마주칠 확률이 높다.

아이슬란드의 아이스

바트나요쿨 국립공원의 빙하가 무너져 흘러온 유빙이 바닷가에 모여있는 요쿨살론 호수. 거대한 빙하에서 떨어져 나온 유빙流氷의 표류. 시퍼런 빛에서 숭고함이 느껴진다. 수천 년 나이의 유빙이 나를 본다면 막 태어난 갓난아이로 볼 것이다.

오로라Aurora

신들의 춤인가, 요정들의 댄스인가, 초록 옷자락을 휘날리는 승무僧舞인가! 오로라는 갑자기 나타나, 나풀나풀 한바탕 춤을 추고, 홀연히 사라진다. 만남은 순간이지만, 기억에 영원히 각인된다. © 박진철

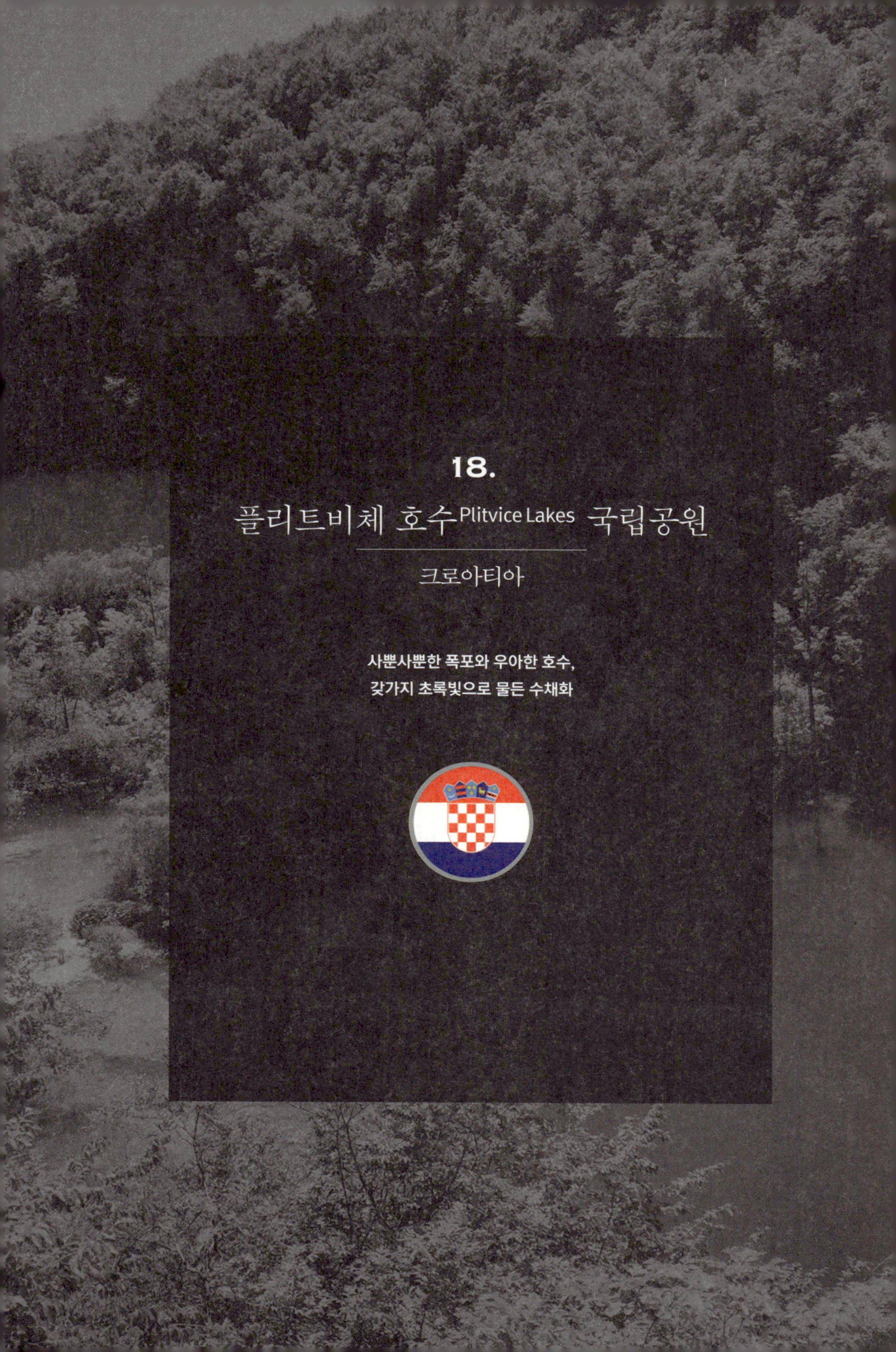

18.

플리트비체 호수Plitvice Lakes 국립공원

크로아티아

사뿐사뿐한 폭포와 우아한 호수,
갖가지 초록빛으로 물든 수채화

크로아티아 최초의 국립공원이면서 가장 큰 면적(297㎢)이고, 방문객이 가장 많기도 한 플리트비체 호수 국립공원. '플리트비체Plitvice'는 호수가 '얕고, 평편하다.'라는 뜻이다.

하나의 계곡에 어떻게 16개의 호수와 92개의 폭포가 계단식으로 생겨났을까? 수천 년 동안 계곡물에 씻긴 석회암 물질들이 계곡 중간에 퇴적되어 댐을 만들고, 그곳에 담겨진 물이 넘치고 넘쳐 여러 개 호수와 폭포가 생겼다.

폭포의 대부분은 기다란 제방을 넘어 사뿐사뿐하게 내려가고, 잔잔한 호수는 시시각각 색을 바꾸어 청록빛·초록빛·파란빛으로 반짝거린다. 이 색들을 영어로 'emerald green', 'deep blue', 'turquoise(터키석의 청록빛)', 'light gray' 등으로 표현하는데, 우리나라에는 없는 색이라서 정확한 우리 말이 없다. 그런 색들을 팔레트에서 버무려 물에 풀어 놓은, 사람 마음을 완전히 사로잡는 그림 풍경이다. 요정의 숲, 신들의 정원, 호수의 여왕 등 여러 애칭으로 불린다.

플리트비체 호수 국립공원

18. 플리트비체 호수 국립공원

크로아티아! 하면 플리트비체 호수가 떠오른다. 울창한 숲 사이로 푸른 물감이 풀어진 계곡이 맑게 흐르고, 거기에 수많은 폭포와 호수가 그려진 한 폭의 수채화다. 유럽에 동화 속 마을이 많은데, 여기는 정말 숲의 요정들이 사는 공원으로 느껴진다. © 송병용

강 같은 호수, 호수 같은 강
높은 고원으로부터 발원한 계곡물이 모이면서 여러 호수와 폭포가 생겨 흘러가는 모습. 오른쪽 밑에 각 호수의 단면과 지질구조가 그려져 있다. 호수마다 기반암bedrock이 다르다.

호수에는 요정이, 숲에는 불곰과 늑대가

플리트비체 호수 국립공원에는 아름다운 계곡과 호수를 충분히 즐길 수 있는 10여 개의 탐방로가 조성되어 있다. 하루 종일 전체를 걷는 코스도 있고, 보트를 타거나 셔틀버스를 이용해 단시간에 탐방하는 코스도 있다. 1박 2일로 체력과 시간을 나누어 상·하부 호수를 충분히 둘러보는 것을 권고한다.

여름 성수기인 6~9월에는 겨울철 비수기보다 입장료가 3배 이상 비싸고, 시간당 입장 인원을 제한하는 예약제를 시행한다. 보트를 타면 물이 맑아 깊게 보이는 호숫물에서 물고기들이 헤엄치는 모습을 볼 수 있다. 물안개가 자욱한 아침에는 동양화 같은 풍경에 젖는다.

플리트비체 초록 그림
햇빛에 따라, 시간에 따라, 연못에 따라 물 색깔이 조금씩 다르다. 바닥에 쌓인 탄산석회 성분이 반사되고 햇빛과 섞여 에메랄드빛으로 보인다. 그런 설명보다는, 숲의 요정이 호수에 초록 물감을 풀고 파란 하늘빛을 섞어 이런 청록빛을 만들지 않았을까, 동화의 나라를 상상해 본다. © 정주영

플리트비체 호수 국립공원에는 자연풍경을 보호하기 위해 데크, 안내판, 이정표 등은 모두 목재로 설치했고, 생태계 보호를 위해 수영과 낚시는 금지되고 있다. 사람의 출입이 거의 없어 자연 그대로 보호되고 있는 숲과 산에서는 불곰과 늑대를 비롯한 수많은 생물이 안정적으로 서식하고 있다.

큰 야생동물들은 사람을 마주하기 싫어하고, 그들의 숲에 충분한 먹이와 은신처가 있기 때문에 사람과 만날 기회는 거의 없다.

인공시설은 풍경을 거스르지 않게
호수 가장자리로 나무 계단을 낮게 깔아 자연풍경을 크게 해치지 않았다. 덕분에 탐방객들도 수면을 걷는 기분을 느낀다. © 정주영

벨리키Veliki slap **폭포**
계곡 하류의 끝에 위치한, 70m 높이의 가장 높은 폭포. 폭포 밑 데크에 서면 획획 날리는 물보라를 맞는다. © mike swigunski

크로아티아는 체크무늬 국가

플리트비체 국립공원은 크로아티아의 수도 자그레브에서 2시간 반 거리에 있다. 크로아티아는 이탈리아의 동쪽 바다인 아드리아해 건너편, 발칸 반도에 위치한 국가다. 국토 면적은 우리나라의 절반 수준이고, 인구는 약 390만 명이다.

제2차 세계대전 이후 유고슬라비아 연방의 일원으로 있다가 1991년 독립했고, 이후 유고슬라비아 연방은 몬테네그로, 보스니아 헤르체고비나, 세르비아 등 7개국으로 해체되었다. 제1차 세계대전을 촉발시켰던 '사라예보의 총성'이 울렸던 사라예보Sarajevo는 현재 보스니아 헤르체고비나의 수도다.

크로아티아는 월드컵 축구대회를 비롯한 국제 경기에서 늘 체크무늬 상의를 입어 국가의 정체성을 알린다. 옛날에 크로아티아의 왕이 베네치아 총독과 체스를 두어 이겨서 베네치아의 지배에서 벗어났다고 한다. 그

중국 주자이거우九寨溝**의 우차이츠**五彩池
물의 비경으로 유럽에 플리트비체가 있다면 아시아에는 주자이거우가 있다. 주자이거우는 중국의 쓰촨성 해발 3,100m 지점에 있는 국가풍경구다. 원시림 사이로 흘러내리는 계곡에 난 100여 개 연못에 영롱한 물빛이 담겨 신비스러운 풍경을 빚어낸다. 이 물빛을 말로 표현하기 어렵다. 그래서 "주자이거우의 물을 보았으면 다른 물을 보지 않는다."라는 말이 나왔다. © 정순옥

때부터 체스판의 체크무늬를 승리의 상징으로 여겨 국가의 무늬로 사용하고 있다.

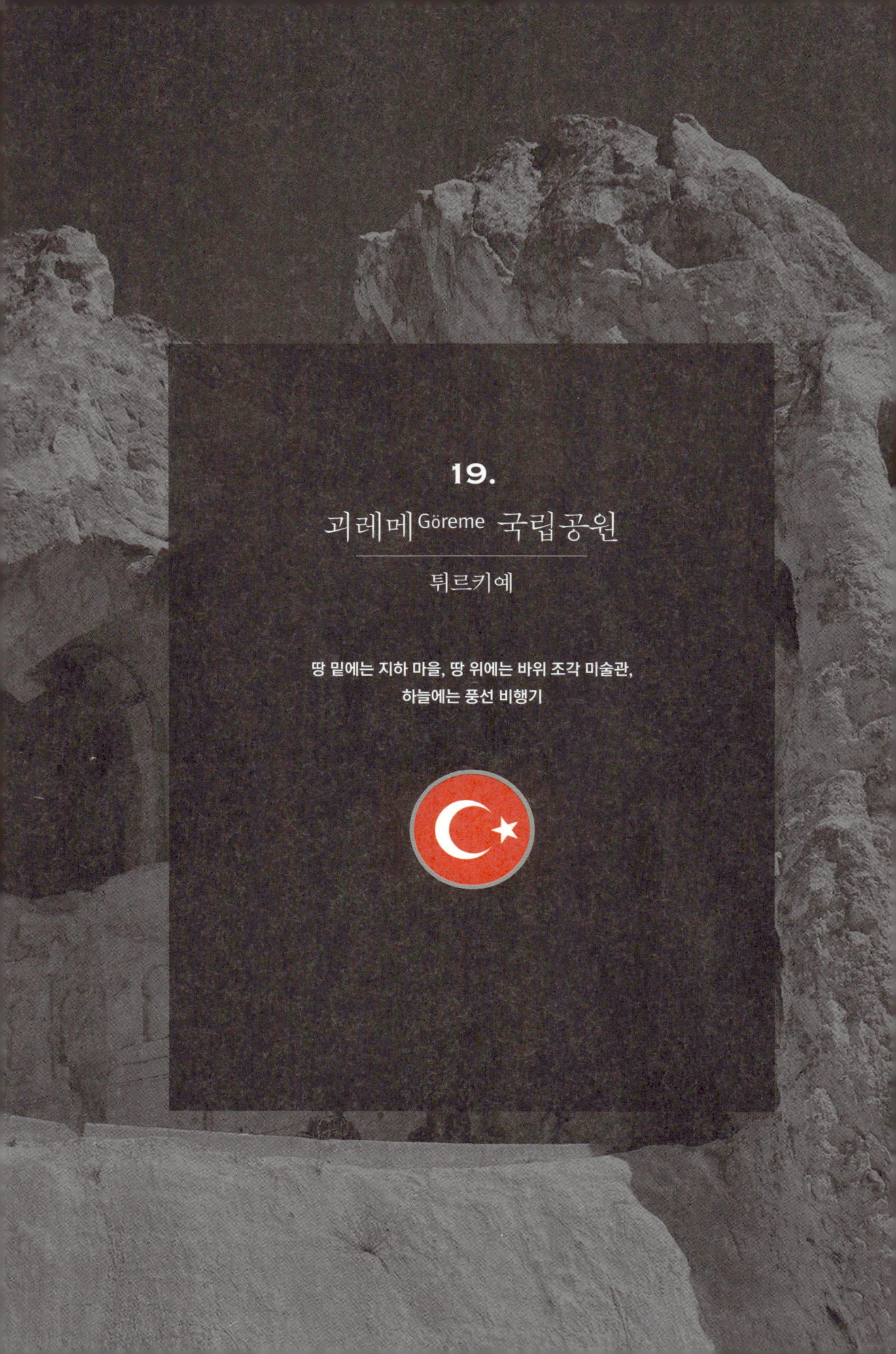

19.

괴레메Göreme 국립공원

튀르키예

땅 밑에는 지하 마을, 땅 위에는 바위 조각 미술관,
하늘에는 풍선 비행기

터키[Turkey]의 본래 이름은 '용감한'이라는 뜻의 튀르크였는데, 영어 발음 '터키'가 '겁쟁이, 칠면조'를 뜻한다고 해서 이제는 튀르키예[Turkiye]로 부른다. 아시아 대륙의 서쪽 끝에 있는 튀르키예는 대륙의 동쪽 끝에 있는 우리나라를 형제의 나라로 여긴다. 6·25 전쟁 참전국으로서 형제를 위해 피를 흘렸기 때문이다.

2002년 월드컵 축구 경기에서 3, 4위 결정전을 했을 때 두 나라는 형제처럼 '부드럽게' 싸웠다. 튀르키예는 2014년 통계 '세계 관광객 국가 순위'에서 프랑스-스페인-미국-중국-이탈리아에 이어 6위를 차지할 정도의 관광 대국이다.

튀르키예에서 가장 유명한 관광지는 국토의 중심부에 있는 카파도키아[Cappadocia]다. 이곳은 화산재가 압축된 응회암이 부서지고 깎여 나가면서 만들어진 광범위한 바위 지대를 일컫는다.

응회암은 쉽게 깎여 나가는 성질이 있기 때문에 카파도키아에는 장구한 세월 동안 시간이 조각한 신기하고 독특한 바위가 무수하게 널려 있다. 지구의 다른 곳에서는 볼 수 없는 희귀한 풍경이다. 지구 최초로 달에 착륙했던 암스트롱이 "이곳을 먼저 보았더라면 달에 가지 않았을 것이다."라고 말했을 정도다. 만화 스머프, 영화 스타워즈는 이곳의 이색적인 바위 경관에서 아이디어를 얻어 촬영되었다.

그런 신기한 바위들과 독특한 지형이 가장 많이 집중되어 있는 곳에

괴레메에 뜬 풍선 비행기

튀르키예 여행 안내서에 가장 많이 나오는 괴레메 국립공원의 열기구熱氣球/hot-air balloon 풍경. 기류가 안정적인 새벽에 떠서 일출을 감상하게 한 후, 여러 군데를 이동하며 조각품 같은 지형을 내려다보게 한다. 땅에 새겨진 희귀한 풍경도 볼만하고, 열기구들이 만든 하늘 풍경도 장관이다. 거대한 풍등風燈이다. © 권혁균

괴레메 마을
거대한 조각물들 사이에 마을을 앉힌 영화세트장 같다. 마을을 둘러싸고 서 있는 길쭉한 조각물들이 마을을 수호하는 장승 같기도 하고, 금방 발사될 로켓 같기도 하다. © 권혁균

파샤바pasabag **계곡의 송이버섯**
정말 송이버섯처럼 생겼다. 두껍고 평평한 지형이 갈라지고 무너지면서 단단한 부분만 기둥처럼 남았다. 시기별로 퇴적된 암석의 성분이 달라 마모되는 속도가 달라서 버섯 모양이 되었다. 현지인들이 이 바위들을 '요정의 굴뚝'이라 불렀고, 여기에서 영감을 받아 만화영화 스머프에서 버섯마을이 탄생했다. © 권혁균

〈괴레메Göreme 국립 역사공원〉이 있다. 괴레메는 '볼 수 없는 곳', 즉 바위 속에 판 동굴이나 지하 마을을 뜻하는 지명이다. 괴레메 국립공원과 주변의 암석 지대는 세계유산으로 등재되어 있다.

새가 되어 내려다보는 바위 조각 전시장

괴레메 국립공원의 독특한 풍경을 가장 잘 구경하는 방법은 열기구를 타는 것ballon tour이다. 열기구는 기상이 좋은 새벽에 떠올라, 300m쯤 되는 높이에서 일출의 장관을 맛보게 한 뒤, 장소마다 풍경이 다른 바위 지대를 구석구석 내려다보게 한다.

함께 떠오른 100여 개의 열기구들을 바라보는 풍경도 특별하다. 열기구 탑승 가격은 종류에 따라 천차만별이다. 대략 100~200유로인데, 기상 때문에

오랜만에 뜨는 날은 350유로까지 가격이 치솟는다. 바람이 많이 부는 겨울에는 뜨지 않는 날이 많다. 지상에는 괴레메를 중심으로 주변의 여러 지역을 미니버스로 탐방하는 여행 프로그램이 많다.

개미집과 모스크
멀리 이슬람 사원의 뾰족한 탑이 보이는 가운데 뾰족뾰족한 바위 봉우리들이 서 있다. 아프리카 초원에 흔한 개미집처럼 생겼다. 그 개미집의 '작은 흙더미'가 통풍구이고 지하에 개미들이 사는 것처럼, 이들 봉우리에도 구멍이 뽕뽕 뚫리고, 그 안에서 사람이 살았다. © 박기연

지상에는 굴뚝과 로켓, 지하에는 비밀통로

버섯처럼, 굴뚝처럼, 촛불처럼, 로켓처럼 기기묘묘하게 생긴 바위들은 오랜 세월 동안 기온의 차이(수축과 팽창)에 의해 부서지고, 중력에 의해 무너지고, 비바람에 의해 조각되었다. 그리고 바위를 조각한 또 하나의 힘이 있었으니, 그것은 바로 사람의 힘이다.

사람들은 더위와 추위를 피해 동굴을 팠고, 전쟁과 박해를 피해 은신처를 만들었으며, 은밀한 종교활동을 위해 교회를 들였다. 특히 기독교인들이 로마와 이슬람인들의 박해를 피해 지하마을을 만들어 수백 년 동안 살았다니 믿어지지 않는다. 괴레메에는 그런 동굴과 미로를 다니는 여행상품이 많고, 그런 은신처를 개조해서 만든 숙박시설도 있다. 겨울에는 따듯하고 여름에는 시원하다.

지하도시 데린쿠유 Derinkuyu

괴레메 국립공원 인근에 위치한 지하도시로 수많은 통로가 나무뿌리처럼 깊고 넓게 퍼져있다. 종교적인 박해를 피해 지하 8층 규모의 거주 공간과 공동시설을 만들어 3천 명에서 수만 명까지 피난했다고 한다. 지하 8층이라면 그곳까지 환기와 식수 공급, 조명, 화장실 등은 어떻게 했는지 상상하기 어렵다. 종교의 힘이란 무엇일까. © Igor sporynin, Nevit Dilmen

깜깜한 교회 Dark Church

괴레메 야외박물관에 있는 많은 동굴 중에서 유일하게 입장료를 내고 들어가는 곳. 11세기에 건축된 교회 내부에는 예수님을 비롯한 인물들의 프레스코fresco 벽화가 있다. 빛이 들어오지 않아 벽화가 잘 보존되어 있다. © Dudva

아!
아라랏Ararat 국립공원

튀르키예는 보스포루스 해협을 경계로 국토의 서쪽 3%는 유럽, 동쪽 97%는 아시아에 속해 있지만 수도 이스탄불이 서쪽에 있고, 주로 유럽과 관련된 역사를 써왔기 때문에 유럽 국가로 구분한다. 과거 지중해 동쪽과 발칸반도, 아랍과 북아프리카까지 광범위한 지역을 통치했던 오스만 제국의 중심이 튀르키예였다.

튀르키예에서 가장 규모가 큰 국립공원은 880㎢의 아라랏 국립공원이

아라랏Ararat **국립공원**

아르메니아의 수도 예레반Yerevan에서 본 튀르키예의 아라랏산. 기독교 신앙에서 노아의 방주가 이 산에서 멈추어 아르메니아인들이 가장 숭고하게 여기는 산이다. 그러나 현재는 마음대로 갈 수 없는 성지다. 우리 민족의 성지 백두산을 우리가 마음대로 가지 못하는 사정과 같다. © Serouj Ourishian

다. 아라랏산(5,137m)은 본래 아르메니아의 땅으로 아르메니아인들이 정신적으로 가장 숭배하는 산이다. 그러나 아르메니아가 러시아의 지배를 받을 때 러시아가 영토협상을 하면서 아라랏산을 튀르키예에게 넘겨주고 말았다.

일제강점기 때 일본과 청나라 사이에 체결된 간도협약에 의해 압록강, 두만강 이북의 드넓은 땅이 청나라 영토로 정해진 것과 같다.

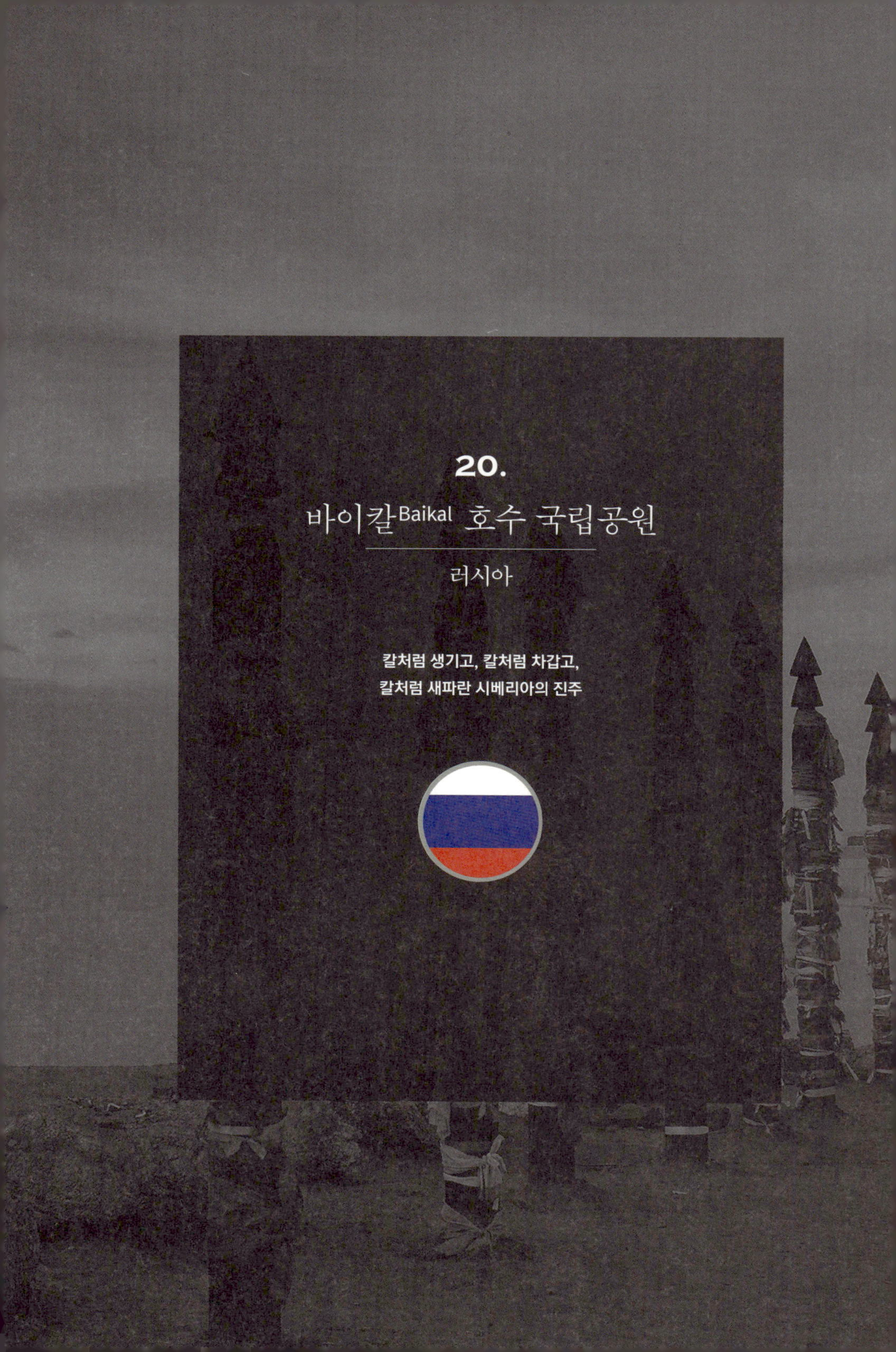

20.

바이칼Baikal 호수 국립공원

러시아

칼처럼 생기고, 칼처럼 차갑고,
칼처럼 새파란 시베리아의 진주

바이칼 호수
러시아 동전에 새겨진 바이칼. 동전 위에 '러시아의 상징', 아래에 '바이칼 호수'라고 적었다. 동전 안에 알혼섬과 소나무, 그리고 '칼 같은' 호수의 윤곽이 그려져 있다.

유라시아 대륙에서 유럽과 아시아의 경계는 우랄산맥이다. 우랄산맥을 기준으로 살기 좋은 서쪽 유럽에 비해 동쪽은 너무 춥고 토양이 척박하며, 온통 타이가 숲(냉대림)으로 덮여 있어 쓸모없는 땅으로 인식했다.

러시아 국토의 77%나 되는 이 광대한 지역을 시베리아Siberia라고 부른다. 시베리아의 어원은 '잠자는 땅', 즉 사람이 살만한 땅이 아니다. 거기다가 러시아가 수많은 수용소를 만들어 죄수와 포로, 정치범들을 보내는 바람에 시베리아에 대한 이미지는 더욱 나빠졌다.

그렇게 푸대접하던 땅에 '시베리아의 진주'라고 칭송하는 지역이 있으니, 그곳이 바이칼 호수다. 시베리아 남쪽의 몽골 국경에 위치한 바이칼 호수는 시베리아의 다른 지역보다 훨씬 따듯하고, 바이칼 호수로 흘러드는 강들은 메마른 땅에 젖줄이 되고 있다. 바다 같은 호수를 중심으로 웅장한 대자연이 드넓게 펼쳐져 있고 4계절마다 풍경이 아름다워 여행과 휴양지로 그만이다.

바이칼의 여름과 겨울

바이칼 호수 동쪽 바르구진Barguzin 호안의 여름. 호수는 물이 맑아 바닥까지 투명하고, 호숫가 산책로의 초록 숲에는 바람이 가득하다. © Andrei Marhotin. 바이칼 호수 남서쪽 프리바이칼스키 국립공원의 알혼Olkhon 섬 인근. 밤새 얼어붙었다가 조각난 얼음들이 파도에 밀려 호안을 덮었다. 칼날처럼 번쩍인다. © Sergey pesterev

알혼섬의 성지
사진의 가운데에 있는 작은 바위를 '샤먼 바위'라고 부른다. 바위에 어떤 신성한 기운이 있어 지금도 많은 샤먼(무속인)들이 찾는 성지다. 알혼섬은 칭기즈칸이 태어난 곳이고 샤먼 바위 주변에 그가 잠들어 있다는 믿음이 있어 순례자가 많다. © 송병용

러시아는 바이칼에 인접한 도시를 경제특구로 정하여 세계의 관광객을 끌어들이고 있다. 그래서 바이칼의 뜻이 '풍요로운 호수'다.

세계에서 가장 깊고,
맑은 호수에 여러 민족의 신화가 깃들다

바이칼 호수는 지각이 갈라진 틈에 물이 담긴 호수rift lake다. 그래서 길이 636km, 폭 79km의 형태로 길쭉하게, 칼같이 생겼다. 바이칼 호수에는 타이틀이 많다. 2천5백만~3천5백만 년 전에 세계에서 가장 먼저 태어난 호수이고, 수심이 가장 깊은 호수이다(최대 1,642m). 흘러드는 강은 많지

만, 흘러 나가는 강은 하나밖에 없어 담긴 물의 양이 가장 많은 담수호fresh water다. 수온이 낮고 미생물들이 적어 엄청 투명하고 깨끗한 호수다. 면적은 31,722 ㎢로 경기도 면적의 3배가 넘고, 세계에서 7번째로 큰 호수다.

알혼섬의 기둥들
13개의 신목神木 세르게serge에 알록달록한 천을 둘렀다. 하늘의 아들 13명이 내려와 이곳을 지키는 기둥이라는 이야기도 있고, 이 기둥들을 보고 신들이 찾아온다는 설도 있다. © 송병용

중앙아시아의 여러 민족이 바이칼 호수를 민족의 기원지로 여기고 있고, 우리나라 민족의 기원지가 바이칼 호수라는 주장(북방기원설)도 있다. 특히 이곳은 몽골제국의 영웅 칭기즈칸의 탄생지이고, 그의 무덤이 알혼Olkhon섬의 샤먼 바위Shamanka 주변에 있다는 이야기가 있어서 찾아오는 순례자들이 많다. 그러나 칭기즈칸에 대한 기억이 좋지 않은 러시아 땅에서 칭기즈칸을 기리는 기념물은 찾아볼 수 없다.

생물의 75%가 이곳에서만 사는 고유생물!

바다처럼 드넓은 바이칼 호수와 주변의 산림에 살고 있는 3천여 종의 생물 중에서 75%가 이곳에서만 사는 고유종이다. 냉대림인 타이가taiga 숲에는 소나무, 전나무, 삼나무, 가문비나무 등 침엽수가 빽빽하고, 여기에

바이칼 자연보존지역
바이칼 자연보존지역의 타이가taiga 숲은 소나무, 전나무, 삼나무, 가문비나무 그리고 툰드라 벌판의 덤불숲과 초원으로 이루어져 있다. 여기에 불곰, 스라소니, 울버린, 수달 등의 야생동물이 많다.

불곰, 스라소니, 울버린, 수달 등이 서식한다.

바이칼 호수 일대의 아름다운 풍경과 독특한 생태계를 보호하기 위해 2개의 국립공원과 2개의 자연보존지역Nature Reserve이 지정되어 있고, 이들 지역을 모두 묶어서 88,000㎢의 세계유산이 지정되었다. 우리나라 면적의 88%에 해당하는 규모다.

우리나라에서 바이칼 호수에 가려면 블라디보스토크로 가서 시베리아 횡단 열차를 타야 한다. '닥터 지바고'가 탔던 기차를 3박 4일(75시간) 타고, 이르쿠츠크에 내려 버스를 5시간 타고 가면 호수 가장자리에 닿는다. 대부분의 여행자는 주요 명소와 관광마을이 있는 알혼섬으로 들어간다.

알혼섬은 바이칼에서 가장 큰 섬(730㎢)으로 서울시 면적보다 넓다. 겨

바이칼 호수 겨울 탐방

겨울의 바이칼에는 다양한 얼음 투어 상품이 있다. 두꺼운 얼음 위를 걷고 뛰고 뒹굴면서, 그리고 고드름이 꽉 들어찬 동굴에서 시베리아의 '칼 같은' 겨울을 체험한다. 바이칼의 차가운 공기가 우리나라까지 흘러온다. 날씨 예보에 나오는 '시베리아 고기압'이다. © Pavelblazek, irina shishkina, Natalia Kollegova

울에는 호수 전체가 얼어붙어 차를 타고 12km의 얼음 도로를 지나 섬으로 들어간다. 얼음 두께가 1m 이상이나 되어 10톤 이상 차량의 무게를 견딘다.

표범의 땅 국립공원 Land of the Leopard National Park

2012년 30마리였던 표범이 129마리로 증가한 표범·호랑이의 성역

아무르 표범(조선 표범)
아무르강 유역에 서식해서 아무르 표범이라고 하는데, 우리나라에서는 '조선 표범'으로 불렸다. 표범은 평균 100㎢가 넘는 행동 범위를 보여 그만큼 넓은 서식지를 필요로 한다. © leopard-land.ru

러시아의 64개 국립공원 중에서 특별한 곳이 있으니 바로 '표범의 땅 국립공원'이다. 이 공원은 아무르 표범 Amur leopard 과 시베리아 호랑이를 보호하기 위한 목적으로 2012년 러시아 극동지역의 2,799㎢의 광활한 숲에 지정되었다. 이 공원을 지정할 당시에 아무르 표범은 겨우 30마리만 남아 멸종위기에 처해 있었는데, 국립공원을 지정한 이후 밀렵 금지와 서식 환경 개선으로 2024년까지 129마리로 증가했고, 아무르 호랑이도 58마리가 서식하고 있는 것으로 확인되고 있다.

표범과 호랑이 같은 대형 포유류는 넓은 서식지를 요구한다. 러시아는 '표범의 땅 국립공원'을 주변의 우수리스크 자연보호구역, 극동 해양보호구역과 묶어 총 4,710㎢에 달하는 보호지역을 연결했다. 이들 지역에는

러시아 연해주[沿海州]는 옛 한국의 땅
두만강 건너, 우수리스크 자연보호구역의 안내판. 여기 그려져 있는 호랑이, 반달가슴곰, 꽃사슴 등은 모두 한반도에서 서식하였던 야생동물들이다. 친근하게 느껴지는 야생동물들의 모습으로부터 이곳이 과거의 역사에서 한국의 땅이었음을 되새기게 한다.

표범과 호랑이 먹이인 꽃사슴 개체수가 충분하다.

2016년 중국에서도 '표범의 땅 국립공원'과 접한 국경 지역에 '둥베이 호랑이·표범 국립공원[Northeastern China Tiger and Leopard National Park]'을 지정했다. 이 국립공원과 러시아의 보호지역을 합한 19,310㎢의 면적은 지리산의 40배에 달하는 어마어마한 규모다. 거기에 북한도 보호지역을 지정했으면 한다. 조선 표범과 조선 호랑이가 사는 곳이니까.

21.
테이블마운틴Table Mountain 국립공원

남아프리카공화국

산에는 거대한 테이블이,
바다에는 드디어 희망봉이!

산 모양은 보통 삼각형으로 정상이 좁은데, 뒴틀처럼 정상이 넓고 평평한 산이 있다. 아프리카 대륙의 남쪽 끝, 케이프타운 위에 우뚝 선 테이블마운틴 국립공원이 그곳이다. 멀리서 보아도 테이블 모양이고, 올라가서 보아도 정상(1,087m)이 평편한 사각형이고, 둘레는 절벽이다.

바다에 퇴적되어 압축된 사암sandstone이 지각의 활동으로 솟아오른 후, 4억~5억 년 동안 깎이고 부서져 단단한 부분만 남은 것이 현재의 테이블-바위산이다. 이런 독특한 지형에다가 아프리카 대륙 최남단에서 대서양과 인도양이 만나 형성된 생태계의 가치가 특별해서 유네스코 세계유산으로 지정된 국립공원이다. 그러나 인구 400만의 케이프타운이 산과 붙어있고, 매년 4백만 명에 달하는 관광객 영향으로 사자, 표범, 하이에나, 자칼 등의 대형 동물은 거의 사라졌고, 영양kudu, eland과 얼룩말은 외부에서 도입하여 복원했다.

희망봉peak이 아니라
희망곶cape.

테이블마운틴 국립공원에는 두 개의 유명한 랜드마크가 있는데, 하나는 테이블마운틴이고, 하나는 희망봉Cape of Good Hope이다. 희망봉은 케이프

테이블마운틴 국립공원

21. 테이블마운틴 국립공원

라이온스 헤드 Lion's Head에서 바라본 테이블마운틴과 케이프타운 시가지. 이 산을 보호하려면 '식탁보'를 씌워야 할까? 테이블마운틴은 아프리카의 최남단에서 대륙과 바다가 만나는 독특한 생태지역이다. 그러나 인접한 대도시와 사람 영향으로 사자, 표범, 코끼리 등의 대형 동물은 거의 사라졌다.

넬슨 만델라의 연설
테이블마운틴 정상의 전망대에 있는 기념판. 남아프리카공화국 최초의 흑인 대통령이었던 넬슨 만델라가 1998년 세계 환경의 날에 이곳을 국립공원으로 선포하며 다음과 같은 연설을 했다.
"국립공원은 우리가 지구에게 준 선물입니다. 이곳에서 생명을 보호받고 영감을 받은 사람들은 이곳을 영원히 잊지 못할 것입니다. 이 자연의 보석은 우리 모두의 것인 동시에, 우리가 선조들로부터 그리고 후손들로부터 온전한 보호를 위임받은 곳입니다."

희망봉(곶)
희망봉은 고난의 항해 끝에 드디어 인도양에 들어선다는 희망을 염원하는 곳이다. 그러나 종종 엄청난 강풍이 휘몰아치고, 높은 파도가 해안을 거칠게 때리는 악천후가 발생한다. 그래서 희망곶 이전의 이름이 '폭풍의 곶'이었다. © Shashank kumar

타운에서 남쪽으로 50km 떨어진 케이프반도의 끝에서 바다로 돌출된 곳이다. 곶[cape]은 바다나 호수로 돌출된 지형을 말한다.

희망봉에 대해 잘못된 인식이 두 가지 있다. 하나는 높은 봉우리가 아니라 바닷물이 철썩대는 바위(곶)라는 것이고, 또 하나는 아프리카 대륙의 남쪽 끝이 아니라 남서쪽 끝이라는 것이다.

아프리카 최남단 '케이프 아굴라스' 국립공원
초록 동판에 아프리카 대륙의 최남단이라는 글이 새겨져 있고, 앞의 목재 판넬에 왼쪽 인도양, 오른쪽 대서양이라는 표기가 있다. 눈여겨보면 두 바다의 물 색깔이 약간 다르다. 아굴라스Agulhas는 '바늘'이란 뜻으로 이곳에서 많은 배를 침몰시킨 뾰족한 암초를 의미한다. © Christian Horz

희망곶에 선 정주영 레인저
높은 희망'봉peak'이 아니라 낮은 희망'곶cape'이다. 아프리카 대륙의 남쪽 끝이 아니라, 남서쪽 끝이다. 정주영 레인저는 4년 동안 세계 66개국을 여행하고 돌아와, 4개월 동안 19개 국립공원과 한반도를 돌고 나서, 국립공원공단의 레인저가 되었다. © 정주영

남쪽 땅끝은 케이프타운에서 남동쪽으로 170km 떨어진 케이프 아굴라스Cape Agulhas다. 그곳도 아굴라스 국립공원으로 지정되어 보호받고 있다. 어쨌든 항해사들이 아프리카 대륙의 대서양 끝에서 인도양 쪽으로 방향을 트는 지점은 희망곶이고, 멀리서 등대 역할을 하는 랜드마크는 테이블 마운틴이다.

볼더스 해변 Boulders Beach
펭귄 서식처 복원

볼더스 해변의 펭귄
볼더boulder란 파도에 의해 동글동글하게 깎인 돌이나 바위를 뜻한다. 뒤뚱뒤뚱 걷는 펭귄 모습이 귀엽지만, 그들을 만지려고 하면 날카로운 부리로 공격한다. © reese braam

펭귄은 보통 남극의 얼음에서 서식하는 동물이지만, 남아프리카공화국의 볼더스 해변에서도 살고 있다. 이곳에 서식하는 아프리카 펭귄은 본래 100만 마리에 가까웠으나, 과도한 사냥과 서식처 상실로 이제는 약 10만 마리만 남았다. 이에 남아공 정부는 아프리카 펭귄을 멸종위기종으로

아프리카 펭귄 해설판

아프리카 펭귄의 행동 ; 시끄럽게 자기의 존재를 알리기(braying) → 암컷, 수컷의 유대감 갖기(pair bonding) → 일상적 행동(ritualised behavior). 밀고, 비비고, 고개를 젓고, 깃털 골라주기 → 짝짓기. 한번 짝을 맺으면 죽을 때까지 함께 한다.

펭귄 둥지

볼더스 해변의 모래밭에 구멍을 파고 생활하는 아프리카 펭귄. 어떤 책에 이렇게 쓰여있다. "이 펭귄들의 검은색과 흰색이 정말 멋지다고 생각해. 이 나라의 흑백 인종 문제를 잘 해결한 것 같잖아!" © Olga Ernst / 국립공원사무소에서 위 사진의 구멍과 비슷하게 만들어 준 펭귄 둥지. 이곳에 알을 낳는다.

정하고, 그들의 개체수 증가를 위해 인공 둥지를 만들고 번식지를 보호하는 등 많은 노력을 기울이고 있다.

볼더스 해변에 들어가 펭귄을 구경하려면 입장료를 내야 한다(약 13,000원). 사람들의 사냥으로 멸종위기에 몰렸던 펭귄들이 사람에게 돈까지 벌어주고 있다니… 라는 생각이 든다.

22.

타랑기레Tarangire 국립공원

탄자니아

아프리카의 야생이 압축된
'작은 세렝게티'

타랑기레 국립공원(2,850㎢)은 지리산의 6배에 이르는 드넓은 초원과 덤불숲에 탄자니아에 있는 대부분의 동물이 살고 있는 '야생동물 낙원'이다. 이 공원에 야생동물이 많은 이유는 일년내내 물이 풍족하기 때문이다.

공원의 중심으로 타랑기레 강이 흐르고, 강 주변에 커다란 저지대가 있어 많은 물이 고인다. 건기(4~6월)가 되면 주변에 멀리 퍼져있던 동물들이 모두 이 강과 습지에 모여든다. 그래서 한 장소에서 볼 수 있는 야생동물의 종류와 숫자가 많다.

타랑기레 국립공원에서 흔히 볼 수 있는 동물은 코끼리, 기린, 물소, 얼룩말, 영양, 임팔라, 가젤, 누우, 몽구스, 타조, 각종 원숭이 등이다. 그리고 호시탐탐 이들을 노리는 사자, 표범, 치타, 카라칼(스라소니 일종), 오소리, 야생 들개가 서식하고 있다. 이런 맹수들에게 이 공원은 음식이 잘 차려진 뷔페와 같다. 550종 이상의 텃새가 살고 있어 탐조探鳥 여행의 천국이기도 하다.

멀고 비용도 비싼 세렝게티 대신에, 타랑기레 국립공원에 가면 원하는 동물과 풍경을 보다 쉽게 볼 수 있다. 그래서 타랑기레 국립공원을 '작은 세렝게티'라고 부른다.

타랑기레 국립공원 전경

아카시아가 듬성듬성한 사바나 초원을 강물이 가로지르는 풍경. 건기가 되면 공원 바깥 멀리서 사는 동물들까지 이곳으로 물을 찾아온다. / 물 먹으러 온 코끼리와 얼룩말 무리. 작은 동물들은 포식자를 경계하며 무리를 짓고 있지만, 코끼리는 혼자서 유유히 걷고 있다.

사파리 여행
모든 여행자들은 가이더가 동행하는 사파리 프로그램을 이용해야 한다. 차량은 동물들에게 부담을 주지 않도록 적당한 간격을 유지하고, 사람은 차에서 내릴 수 없다. 차량과 사람들에게 적응이 된 동물들은 웬만해선 달아나지 않는다. 오히려 그들이 느긋하게 사람을 구경한다.

점보!, 하쿠나 마타타, 이곳은 아프리카!

타랑기레 국립공원의 거점도시는 인구 30만의 아루샤다. 아루샤에서 타랑기레 국립공원까지 2시간 동안 차에서 바라본 탄자니아 풍경은 이렇다. 매연과 먼지로 가득한 도로, 맨땅에 주저앉아 물건을 파는 아낙네들, 그 옆에서 하염없이 멍때리는 남자들, 염소를 몰고 가는 맨발의 아이들, 곳곳에서 차량과 사람을 세우는 경찰들, 이곳저곳에서 "점보(안녕하세요)!", "하쿠나 마타타~(아무 문제 없어요~)"라는 인사말이 오고 간다.

야생동물들이 사람을 구경하는 동물의 천국

탄자니아에서는 국립공원마다 입장료가 다르고, 외국인에게는 내국인의 30배 되는 입장료를 부과한다. 타랑기레 국립공원에서 외국인 입장료는 약 10만 원, 차량 입장료는 5만 원이다.

초록색 군복을 입은 레인저들은 커다란 총을 둘러메고 다니는데 거기에는 정말 실탄이 들어있다. 맹수가 공격하면 주변을 향해 공포탄을 쏘고,

코끼리 가족의 이동
타랑기레 국립공원은 아프리카에서 코끼리 밀도가 가장 높은 곳이다. 코끼리 가족은 유대감이 강하다. 어른들이 앞, 뒤, 중간에서 보호하는 가운데 어린 코끼리들이 함께 이동하고 있다.

밀렵꾼이 공격하면 그를 향해 실탄을 쏜다.

사파리 출발에 앞서 가이더가 세 가지 주의 사항을 강조한다. "차에서 내리지 말 것, 소리를 크게 지르지 말 것, 동물에게 음식을 주지 말 것!" 어떤 책에서 "아프리카에서는 감옥(차량)에 갇힌 사람들이 바깥의 자유로운 동물들을 바라본다Caged people watch free animal."라고 했다. 이런 식으로 야생동물을 구경하는 관광을 사파리safari라고 하는데, 여기서는 게임 드라이브game drive라는 단어를 더 많이 쓴다. 동물 추적을 일종의 오락으로 여긴 관습에서 나온 단어다.

너무 많이 보아서 싫증 날 정도의 야생동물들

가이더들은 서로 어디에 어떤 동물들이 있다고 알리는 무전을 하면서

초원의 신사 기린
기다란 다리에 기다란 모가지를 한 기린은 기다란 혀로 나뭇잎을 훑어 씹는다. 이곳의 키 큰 나무들은 초식동물들을 피해 높게 자랐지만, 기린에게만은 식사를 허용해야 한다.

얼룩말의 바코드
통통한 얼룩말의 얼룩무늬는 서로 달라서 신분증 역할을 한다. 그들의 얼룩무늬에서 바코드 아이디어를 떠올린 게 아닐까.

자칼과 임팔라
자칼이 멀리서 성큼성큼 다가오자, 임팔라 가족이 갑자기 동작을 멈추고 귀를 쫑긋 세우며 그쪽을 바라보고 있다. 온몸의 감각기관을 동원해 위험한 상황을 파악하며 팽팽한 긴장이 시작되는 순간이다.

일정을 진행한다. 차량은 우선 사방팔방이 훤히 보이는 언덕에 올라선다. 우기에는 빛나는 초록, 건기에는 메마른 갈색 풀밭이 수평선 가득히 펼쳐져 있고, 그 가운데로 물결이 반짝이는 강이 구불구불 흐르고 있다.

초원에는 아카시아와 버드나무 덤불이 듬성듬성하고, 바오바브나무가 드문드문 장승처럼 서 있다. 그 위로 한 점의 공해도 없이 새파란 하늘에 새하얀 뭉게구름이 올려져 있는 그림 같은 풍경이다.

탐방객들에게는 잘 보이지 않는 동물들을 가이더가 '숨은그림찾기'처럼 알려준다. 가장 인기 있는 동물은 초원의 지배자 사자다. 큰 나무 밑 그늘에 앉아 먹잇감을 주시하고 있거나, 커다란 나뭇가지에 축 늘어져 있거나, 땅바닥에 벌렁 누워 낮잠에 빠진 녀석도 있다.

코끼리 가족들은 차량이 가까

바오바브[Baobab]나무

(왼쪽 위) 바오바브나무는 굵은 줄기에 물을 저장했다가 건기에 사용하여 생존한다. 백 년 이상 오래 살아 주민들이 신성시한다. (왼쪽 아래) '뒤집혀 자라는 나무[upside-down tree]'라는 해설판. 신이 화가 나서 뿌리를 뽑아 거꾸로 다시 심었다는 내용이다. (오른쪽) 코끼리가 바오바브나무를 코로 긁어 수분을 섭취하고, 엉덩이를 비벼서 껍질이 다 벗겨졌다. 나무의 껍질은 곧 회복된다.

이 가도 서둘러 자기들 갈 길을 간다. 어미 옆에 바싹 붙어 걷는 아기 코끼리가 이따금 고개를 돌려 귀를 팔락거리는 모습이 너무 귀엽다.

높다란 가시나무의 잎을 훑어 먹으며 사람을 차분하게 바라보는 기린, 귀를 쫑긋쫑긋 재빨리 움직이며 경계하는 임팔라 가족, 그들의 주변을 배회하며 기회를 노리는 자칼, 밀착해서 서로 털을 골라주는 원숭이 가족, 고사목 꼭대기에서 주변을 둘러보는 독수리 등 영상으로만 보아왔던 야생동물들이 눈앞에 뚝뚝 나타난다.

사파리에서 꼭 보아야 할 '빅[big] 5'는 사자, 표범, 코끼리, 물소, 코뿔소인데, 이 중에서 가장 보기 어려운 동물은 코뿔소다. 밀렵으로 개체수가 급격히 줄었기 때문이다. 사자도 문제다. 밀렵꾼들은 차량에 짐승 고기를 매달아 사자를 유인하여 올가미에 걸리게 한다.

킬리만자로Kilimanjaro 국립공원

홀로 우뚝 솟아 아프리카를 고독하게 내려다보는 표범의 산

아프리카 최고봉인 킬리만자로산의 우후루봉Uhuru Peak(5,895m)은 모든 산악인과 여행자들이 한번은 오르고 싶은 성지다. 평지에서 오직 자신만 솟구쳐 올라 머리에 하얀 만년설과 빙하를 이고 있는 모습은 킬리만자로의 상징적 이미지다.

"뜨거운 아프리카에 눈 덮인 산이 있다니!, 더위를 먹어 헛것을 본 게 아닌가?"라며 19세기의 유럽 사람들은 설산雪山의 존재를 믿지 않았다. 그 빙하는 이제 점점 작아져서 언제 사라질지 몰라 지구의 기후 위기에 경종을 울리고 있다. 빙하가 사라지면 당장 킬리만자로의 메마른 대지에서 많은 생물들이 고통을 당할 것이다. 인간을 원망할 것이다.

고독한 킬리만자로를 지나며 그곳에 얼어붙은 표범을 생각하다.

타랑기레 사파리를 마치고, 아루샤에서 국경을 넘어 케냐의 나이로비로 가는 길에, 멀리 우뚝 선 킬리만자로산을 바라본다.

미국의 소설가 어니스트 헤밍웨이Ernest Miller Hemingway는 그의 소설 「킬리만자로의 눈The Snows of Kilimanjaro」에서 킬리민자로산을 이렇게 표현했다. "그곳에서 그의 눈에 비치는 것은 오직 하나, 온 세상처럼 넓고, 크고, 높고,

킬리만자로

킬리만자로 국립공원에는 다양한 생태계가 형성되어 있다. 저지대는 사바나 초원과 열대우림이, 중간에는 산지 숲montane forest이, 수목한계선 위로는 초지와 황무지가, 그리고 해발 6천 미터에 가까운 정상에는 극한 지대arctic가 있다. © stephan bechert / 킬리만자로 정상에 오른 국립공원 레인저 손영조. 고산병에 시달려 인상이 좋지 않다.

그는 이렇게 썼다. "고산병을 부둥켜안고, 한 걸음 한 걸음 꾸역꾸역 급경사 너덜을 오르니 드디어 정상이다. 아프리카의 지붕 끝에서 저 멀리 떠오르는 아프리카 일출과 마주하며 고통을 달랬다."

햇빛을 받아 믿을 수 없을 정도로 하얗게 빛나는 킬리만자로의 평평한 꼭대기였다. 그 순간 그는 그곳이 그가 가는 곳임을 깨달았다." 이 소설에서 헤밍웨이는 한 사람의 표표한 죽음을 킬리만자로 봉우리에 말라붙어 죽은 표범에 비유했다. 이 글을 읽었을 가수 조용필은 이렇게 가사를 읊었다.

"나는 썩은 고기만을 찾아다니는 하이에나가 아니라 표범이고 싶다. 산 정상 높이 올라가 굶어서 얼어 죽는 킬리만자로의 표범이고 싶다. 구름인가 눈인가, 저 높은 곳 킬리만자로."

소설에 나오는 사람도, 노래에 나온 표범도 그들이 추구했던 것은 '자

킬리만자로의 표범

1993년 탄자니아 우표. 홀로 다니는 표범은 외로운 킬리만자로의 자태를 닮았다. 저지대의 숲속을 벗어나지 않는 표범이 산꼭대기에 올라선 것은, 그곳에 올라 고독하게 생을 마감하려는 자들의 이미지와 닮았다.

유'였을 것이다. 우후루 봉의 뜻이 '자유'다. 그런 생각으로 멀리 바라보니, 광활한 평원 위에 홀로 솟아 아프리카를 내려다보는 킬리만자로의 모습은 고독하기 이를 데 없다. 표범도, 사람도 없이….

세렝게티 Serengeti 국립공원
지구에서 마지막 남은 야생동물 낙원

세렝게티 초원의 누우 Gnu
누우는 태어나자마자 일어서고, 일어서자마자 달린다. 사자에게 잡아먹히지 않으려고. 누우 무리는 맛있는 풀과 물을 찾아 장거리 이동을 한다. 악어가 우글거리는 강을 건너고, 수많은 포식자에게 잡아먹히며, 탈진과 갈증으로 죽는다. 그 대신 그만큼의 새끼들이 태어난다. © hu chen

1969년 KBS 1TV에서 처음 방영한 이래 아직도 방영되고 있는 「동물의 왕국」 세대에게 세렝게티 초원은 지구에서 유일한 야생동물의 낙원으로 각인되어 있다. 세렝게티 초원은 탄자니아 북부와 케냐의 남서부 지역에 펼쳐진 약 30,000㎢의 '야생 풀밭'이다. 이 지역을 탄자니아에서는 세렝게티 국립공원(14,763㎢)으로, 케냐에서는 마사이마라 국립 보호구 National Reserve(1,510㎢)로 지정해 관리하고 있다.

세렝게티는 '드넓은 초원'을 의미하고, 케냐에서 부르는 마사이마라

Maasai Mara는 '나무들이 점점이 박혀있는 마사이족의 땅'이라는 뜻이다.

치타cheetah
야생동물 중에서 가장 빠른 달리기 선수다. 달리기 시작해서 2초 후에 시속 70km가 넘고, 최고 속력은 시속 100km를 넘는다. 그러나 체온이 급격하게 올라가서 오래 달리지는 못한다. 따라서 먹잇감에 최대한 접근해서 재빨리 덮쳐야 한다. © 정주영

세렝게티는 열대초원인 사바나savanna에 강과 개울, 습지와 늪지, 은신할 수 있는 덤불숲이 있어 다양한 야생동물들의 서식처가 되고 있다. 이곳에 대략 150만 마리의 누우gnu, 25만 마리의 얼룩말, 5천 마리 이상의 코끼리, 3천 마리 이상의 사자, 500종 이상의 조류 등 수많은 생명체가 '서로 먹고 먹히는 먹이사슬'을 이루며 살고 있다.

점박이 하이에나spotted hyena
무리를 지어 사냥을 하고, 먹이를 포획한 사자에게 시비를 걸 정도로 용맹하다. 썩은 고기를 먹거나 다른 동물들의 음식을 가로채서 하이에나의 이미지는 좋지 않지만, 시체들을 재빨리 해치워 초원을 깨끗하게 청소하는 역할을 한다. © 정주영

누우를 비롯한 초식동물들이 건기에 새로운 풀을 찾아 800km 이상을 이동하는 광경은 가슴을 뭉클하게 하고, 그 뒤를 포식자인 사자와 하이에나가 따라가는 모습은 가슴을 졸이게 한다. 야생동물 다큐멘터리에서 누우 떼가 강을 건너다가 악어에게 잡아먹히는 광경을 보지 않은 사람은 없을 것이다.

세렝게티 국립공원의 사파리 비용은 만만치 않다. 가장 저렴한 요금이

사자
천천히 먹잇감을 향해 걸어가는 젊은 사자 두 마리 / 식사를 끝내고 그늘 아래서 낮잠에 빠져든 사자들. © 정주영

1인당 하루 150~300달러(20~40만 원)이고, 중간급의 숙소와 식사를 제공하는 프로그램은 350~700달러다. 훨씬 비싼 고급 프로그램도 많다. 탄자니아의 물가를 고려했을 때 엄청난 비용인데, 그 돈이 잘 쓰여 그곳의 자연이 잘 보호되고, 주민들의 고달픈 삶에도 보탬이 되기를 바란다.

23.

투브칼Toubkal 국립공원

모로코

거친 아틀라스산맥에서 웅장한 자연과
순박한 산촌 주민들을 만나는 곳

투브칼 국립공원(380㎢)은 모로코 최초의 국립공원이자 가장 많은 탐방객이 찾는 공원으로 고도古都 마라케시에서 70km 거리에 있다. 정상은 아틀라스Atlas산맥의 최고봉인 투부칼산(4,167m)이다.

아틀라스산맥은 모로코 국토의 서남쪽에서 동북쪽 튀니지까지 2,400km에 걸쳐 이어지면서 남쪽의 사하라 사막과 북쪽의 지중해 연안 지역을 나누는 경계다. '아틀라스'라는 이름은 그리스 신화에서 제우스와 싸워 패한 벌로 하늘을 떠받드는 형벌을 받은 그 아틀라스다. 형벌이 계속되고 있는지, 지난 2023년 9월 아틀라스산맥 일대에 큰 지진이 발생해 수천 명의 사상자를 냈고, 이곳 투브칼 국립공원에도 진입도로가 끊기고, 탐방안내소가 무너지는 등 많은 피해가 발생했다.

투브칼 국립공원은 멸종위기에 처한 수염독수리, 바르바리 산양barbary sheep, 마곳 원숭이magot monkey 등이 서식하고 있는 야생동물들의 피난처이기도 하다.

정상 등산은 빡세고,
베르베르인 전통 마을은 부드럽고….

투브칼 국립공원에는 다양한 트레일이 갖추어져 있다. 산허리의 울창

투브칼 정상

아틀라스산맥의 정상이자 투브칼 국립공원의 최고봉(4,167m) 전경. 사막과 열대의 아프리카에서 투브칼산은 킬리만자로와 함께 눈에 덮이는 유일한 산이다. 눈이 녹아 아래의 밭과 마을, 사막과 도시에 물을 공급해 준다. 귀중한 오아시스다. © Carlos Neto

투브칼 국립공원과 임릴 마을
해발 2,000~3,000m를 넘나드는 장쾌한 능선 아래로 작은 마을들이 인형의 집처럼 예쁘게 들어서 있다. 투브칼 국립공원의 넓은 품이 마을을 품고 있는 듯, 마을들이 산이 무너지지 않게 떠받치고 있는 듯, 산과 마을은 오랜 세월 하나의 몸을 이루고 있다.

영웅으로 불린 당나귀
차량이 들어갈 수 없는 산악지대에서 당나귀는 주민들의 식량과 생활용품을 나르고, 관광객을 날라주는 귀중한 존재다. 2023년의 모로코 대지진 때 산악마을에 구호품을 나르고 부상자를 운반해 '영웅'으로 불렸다. © david magalhaes

한 산림을 둘러보는 숲길도 있고, 마을과 마을을 잇는 둘레길도 있다. 그런 길을 걸으며 아름다운 고산지대에 오래된 마을이 어우러져 있는 풍경을 만끽할 수 있고, 주민들이 대대로 살아온 삶의 현장을 체험할 수 있다.

북아프리카 정상인 투브칼산에 가려면 임릴Imlil 마을에서 투브칼 산장까지 12km를 올라 1박 한 후, 다음 날 산장에서 정상까지 약 8km의 거친

사하라 사막의 낙타 투어
투브칼 국립공원 인근에 사하라 사막의 가장자리가 있다. 사하라 사막은 동서 5,600km, 남북 1,700km에 달하는 광대한 면적이다. / 모든 낙타의 표정은 순하다. 낙타의 안장에 앉으면 1층 높이의 옥상에 오른 고도감을 느낀다. 낙타는 살살 걷지만, 옥상에서 사람 몸은 휘청거리고, 떨어지지 않으려고 허벅지에 힘을 주다 보면 한 시간 이상 타기 어렵다. 내리고 나면 '정말 고마웠다'라고 낙타에게 인사를 하게 된다. 팁은 주인에게 주지만….

아틀라스산맥의 퇴적층 단면
아틀라스산맥의 고지대에는 주름처럼 층이 진 지형이 많아 이곳이 과거에 바다의 퇴적층이었음을 알 수 있다. 그런 퇴적층을 잘라 도로를 조성한 곳에 하나하나의 층이 아름다운 색깔을 반짝이고 있다. 층마다 색이 다른 이유는 퇴적된 시기의 자연환경이 서로 달랐기 때문이다.

길을 올라야 한다. 왕복 40km의 장거리 등산이고 사고 위험이 있어 투브칼산 등산을 하려면 의무적으로 가이더를 고용해야 한다. 가급적 2박3일 일정으로 슬로트레킹Slowtrekking을 하는 게 좋다.

등산로 입구의 임릴 마을은 토속적인 음식과 숙소를 제공하면서 도시로부터 멀리 떨어진 산촌의 여유로움에 빠져들게 하는 전통 마을이다. 이

카사블랑카

'카사블랑카'는 스페인어로 '하얀blanca 집casa'이란 뜻이다. 지금도 하얀 건물들이 많다 / 영화 카사블랑카 포스터는 그들의 운명처럼 금이 갔다. 이 영화에서 남자(험프리 보가트)는 잔을 들어 여자(잉그리드 버그만)에게 말한다. "여기에 당신의 눈동자가 어른거려." 세계 영화사에서 가장 유명한 대사 중 하나다. / 〈하산 2세 모스크 mosque〉는 카사블랑카의 랜드마크다. 세계에서 3번째로 큰 모스크로 2만 5천 명이 동시에 예배를 볼 수 있는 공간이다. 대서양에서 밀려온 푸르른 파도가 모스크의 옹벽에 부딪혀 하얗게 부서지는 풍경이 멋지다.

마을에는 베르베르berber인들의 전통 생활을 체험하는 문화 프로그램이 다양하게 마련되어 있다. 베르베르인은 독특한 생활문화를 유지하면서 유목과 농경 생활을 하는 북아프리카 토착 민족이다.

모로코보다 유명한
카사블랑카

모로코는 지브롤터 해협에 의해 불과 14km의 거리로 유럽과 떨어져 있는 아프리카 서북쪽 끝의 국가다. 모로코를 유럽 국가로 착각하거나, 프랑스 남부의 도시국가인 모나코와 혼동하는 사람도 있다.

모로코의 국토 면적은 우리나라의 4배가 넘는다. 북쪽 해안은 지중

카스바kasbah의 화려한 노점

우리나라 대중가요 중에 '카스바의 여인'이라는 노래가 있다. '카스바'는 요새화된 마을을 일컫는 말이다. 바깥에는 높은 담을 쌓고, 안에는 작은 집들과 골목들이 빼곡하며, 집에는 창문이 없거나 매우 작다. 그런 곳에 사는 베일 속의 여인을 카스바의 여인이라 부른듯하다. 사진은 모로코의 대표적 카스바인 〈아이트 벤 하두Ait Ben Haddou〉 마을이다. 유네스코 세계문화유산으로 지정된 마을로, 「미이라」, 「글래디에이터」의 영화 촬영지로 유명하다.

해, 서쪽 해안은 대서양이며, 남쪽은 사하라 사막이고, 동쪽으로 해발 2,000~4,000m의 아틀라스산맥이 지나간다.

모로코보다는 모로코 최대의 도시 카사블랑카가 더 많이 알려져 있다. 영화 역사에서 최고의 명작으로 꼽히는 「카사블랑카」가 있고, 이 영화를 추억하게 하는 노래 「카사블랑카」가 있다. 이 노래에는 "카사블랑카를 바라보는 당신에게 사랑에 빠졌어요. 카사블랑카를 바라보는 내 모습을 보고 당신도 사랑을 느꼈을 거예요"라는 가사가 나온다. 그래서 카사블랑카를 찾는 연인들이 많다.

24.

고르히-테렐지 Gorkhi Terelj 국립공원

몽골

드넓은 풀밭과 사막, 유유한 강과 호수에서 말을 달리는
칭기즈칸의 초원

몽골의 31개 국립공원 중에서 탐방객이 가장 많은 곳은 수도 울란바토르에서 불과 1시간 30분이면 닿는 고르히-테를지 국립공원이다. 지리산의 6배가 넘는 2,920㎢의 면적에 드넓은 초원, 기암괴석, 사막, 울창한 숲, 강, 호수, 온천, 사원 등 몽고의 전형적인 풍경들이 고루 들어서 있다.

공원의 중심을 툴Tuul강이 유유하게 흐르고, 이 강물이 울란바토르에 물을 공급한다. 여름철의 초록빛 들판에는 에델바이스를 비롯한 야생화들이 가득하다. 사람들이 출입하는 일부 지역을 제외하고는 불곰과 늑대, 250종 이상의 새가 서식할 만큼 야생의 생태계가 살아있는 국립공원이다.

도로에 나온 소
몽골의 가축 수는 약 6,700만 마리다. 몽골 인구의 20배에 가깝다. 대략 양 3,000만, 염소 2,800만, 소 470만, 말 400만, 낙타 40만 마리가 있다.

야크Yak
소과의 동물로 소에 비해 어깨가 올라가 있고, 소의 "음메"하는 소리는 내지 않는다. 야생종은 주로 고산에 살고, 초원에 사는 야크는 대부분 가축이다. 야크는 사람에게 젖과 고기, 털과 가죽을 제공하며, 야크의 똥은 연료나 비료로 쓴다.

거북바위

고르히-테렐지 국립공원의 랜드마크. 몽골에서 거북은 장수를 상징하는 동물이다. 이곳의 광활한 초원을 내려다보는 모습에서 수호신의 위엄이 느껴진다. © wonderlustpicstravel

게르[Ger] 캠프장
드넓은 초원의 여러 곳에 게르 캠프장이 있다. 낮고 둥그스름하게 지어 바람의 저항을 최소화하고, 양털로 만든 펠트 천을 두른다. 중앙아시아에서는 유르트[Yurt]라고 부른다.

승마 체험
말과 한 몸이 되어 끝없는 초원을 달리며 칭기즈칸의 꿈을 그려본다. 말과 교감하면서 편하게 타는 데에는 약간의 훈련과 시간이 필요하다. 초보자는 성격이 좋은 말을 골라 타는 것이 좋다. © 권혁균

자연 그대로의 초원에서 즐기는 액티비티

고르히-테렐지 국립공원에서 찻길은 대부분 비포장이고, 걷는 길은 정해진 길이 없다. 끝도 없는 초원과 구릉에서 사람과 동물이 가면 그게 길이다. 탐방객들은 말이나 낙타를 타고 초원을 트레킹하고, 길들인 독수리나 매를 어깨에 올려놓고 사진을 찍는다.

유목민들의 숙소인 게르[Ger]는 빨리 이동시켜야 해서 좀 허름하지만, 숙소용 게르는 화려하다. 화롯불을 쬐며 그들의 전통음식을 체험하고, 불빛 없는 초원의 밤하늘에 가득 펼쳐진 '별들의 세계'를 감상한다. 공원의 곳곳에 '게르 캠프장'이 많고, 그곳에서 다양한 프로그램을 제공한다.

제게도
몽골반점이 있었어요!

본래 몽고蒙古라고 불렸으나, 이는 중국이 '우매한蒙 옛날古 민족'이라고 비하하는 명칭이라 하여, 현재는 공식적으로 '몽골'이라는 명칭을 사용하고 있다. 몽골리아Mongolia는 '용감한 용사들의 국가'란 뜻이다. 칭기즈칸의 전성기 때 몽골은 우리나라에서 동유럽까지 세계 역사에서 가장 넓은 영토를 지배했던 국가였다.

몽골의 어디에 가도 칭기즈칸의 초상화와 당시의 몽골제국 지도가 걸려 있어 몽골인들의 자부심을 보여주고 있다. 그런 몽골 사람들과 금방 친해지는 방법 중의 하나는 "나에게도 몽골반점이 있었다."고 말하는 것이다.

알타이 타반 보그Altai Tavan Bogd 국립공원
유럽과 아시아를 가르는 알타이산맥 빙하 아래서 낙타를 타고 여행하는 사람들. 설악산의 16배에 달하는 6,362㎢의 이 국립공원은 우리나라의 백두산처럼 몽골인들이 신성시하는 산이다. © Altaihunters

칭기즈칸 동상 앞의 독수리
천진벌덕Tsonjin Boldog 지역에 있는 몽골의 랜드마크. 밑의 기념관과 합쳐 높이 50m로 세계에서 가장 큰 기마상이다. 그 앞에 사진 촬영용 독수리와 몽골 소녀.

몽골의 국토 면적은 우리나라의 15배가 넘지만, 인구수는 우리의 6%에 불과한 344만 명이다. 따라서 도시를 벗어나면 사람 구경하기 힘든 초원과 사막, 그리고 험준한 산악과 타이가 숲(냉대림)이 있다.

호스타이Hustai 국립공원의 야생마 복원

호스타이 국립공원의 야생마
울란바토르에서 서쪽으로 100km 거리에 있는 호스타이 국립공원의 초원에서 야생마들이 풀을 뜯고 있다. 이곳을 포함한 몇 개의 국립공원에서 야생마 복원 사업을 하고 있다. 야생마의 평균수명은 18년이고, 종마種馬(수컷 우두머리)를 중심으로 집단생활을 한다. 천적은 늑대다.

몽골의 상징은 말이다. 유목민들은 매일 말을 타고, 말의 젖을 먹기 때문에 말은 가족과 같다. 남의 말을 훔치는 것은 가장 나쁜 범죄로 여겨 엄한 벌에 처한다. 어릴 때부터 말을 탔기 때문에 말에서 칼을 쓰고 화살을 쏘아 세계적인 제국을 건설했다.

몽골 사람들이 가장 애지중지하는 말은 타키takhi(영혼의 말)라고 부르는 야생말이다. 다른 말과 교배되지 않고 인간에 의해 결코 길들여 지지 않는 야생마다. 그러나 이 말은 현재 멸종위기종이다. 마구 잡아서 외국의 동물원에 팔거나 사냥으로 씨를 말려 1969년에 몽골의 자연에서 완전히 멸종되었다. 이후 전 세계의 동물원에 남아있던 야생말 12마리로부터 복원 사업을 시작해 현재는 호스타이 국립공원(506㎢)을 비롯한 몇 개의 국립공원에서 약 2천 마리가 서식하고 있다.

랜드마크 표지판
왼쪽에 호스타이 산맥/생물권보전지역/국립공원이라는 표지판을 붙였고, 오른쪽에 야생마 타키의 모형을 세웠다. © Nick Acheson

복원 사업 중에도 한때 혹독한 추위가 있어 많은 개체가 사망했고, 현재도 전염병 등의 변수가 많아 개체 하나하나를 면밀하게 관리하고 있다. 사람들은 멀리서만 망원경으로 야생말을 관찰한다.

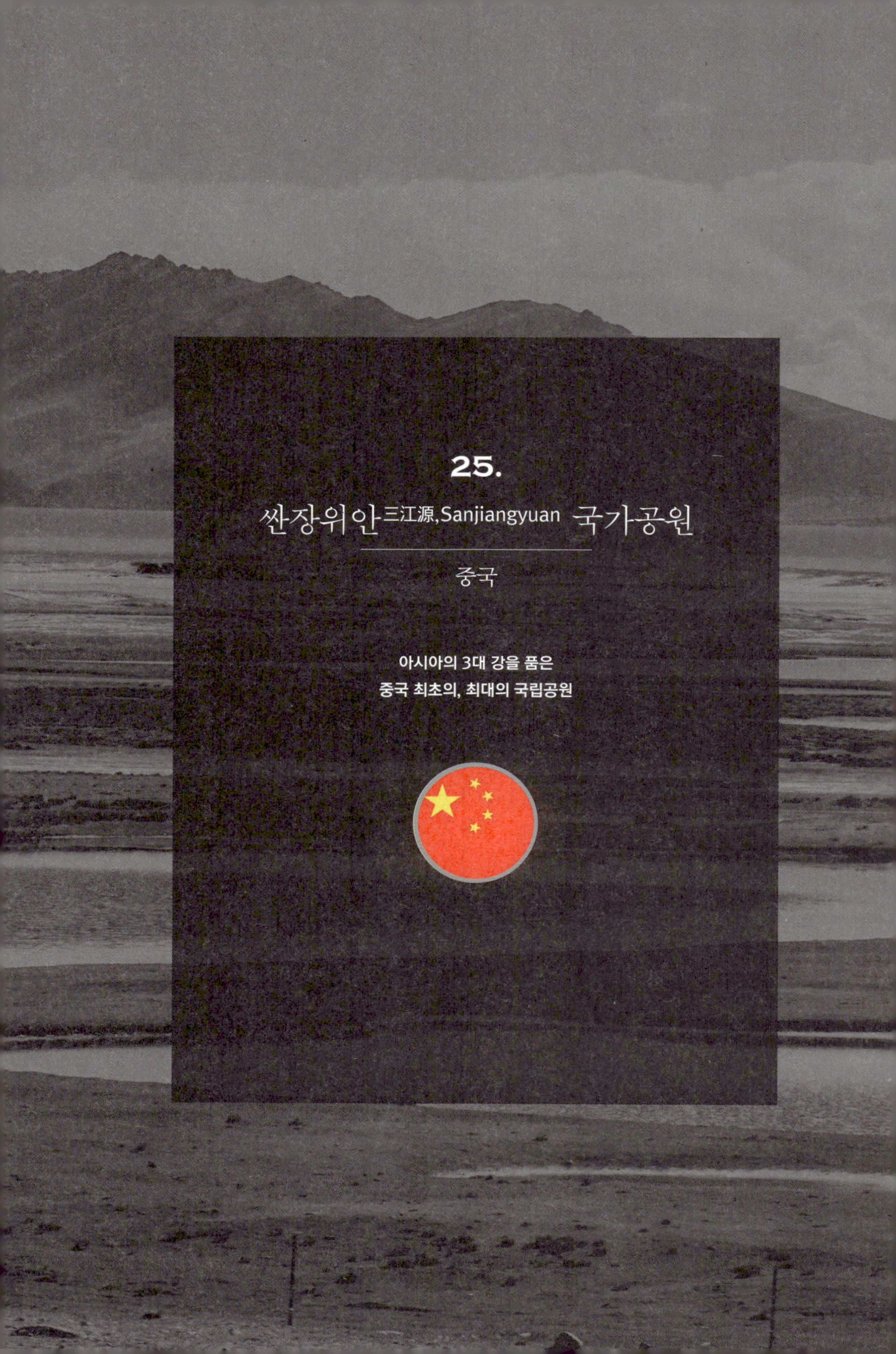

25.

싼장위안三江源, Sanjiangyuan 국가공원

중국

아시아의 3대 강을 품은
중국 최초의, 최대의 국립공원

싼장위안 국가공원은 2021년 중국 최초의 국가공원으로 지정되었다. 미국이 세계 최초의 국립공원을 지정한 지 150년이 넘어 지정되었지만, 그 규모는 압도적이다. 공원 이름이 '3개 강의 발원지'이듯이, 아시아 3대 강인 황하黃河강, 양쯔楊子, 長江강, 란창瀾滄(메콩)강 상류 유역 약 190,700km^2를 아우르는 광대한 공원이다.

한반도 면적과 비슷하다. 이곳에 국가공원을 지정한 목적 중 하나는 3강의 중·하류와 대도시에 깨끗한 물을 공급하기 위한 수자원을 보호하는 것이다. 3강이 지나는 유역은 중국 국토 면적의 3분의 1에 가깝다.

싼장위안 국가공원에는 해발 3,500~4,800m에 이르는 티베트靑藏(칭짱) 고원의 빙하와 설산, 고지대 습지, 초원, 호수, 강, 사막 등의 다양한 생태계가 있다. 여기에서 티베트 불곰, 눈표범雪豹, 히말라야 늑대 등 국가보호 야생동물 69종이 서식하고 있다.

국가공원 지정으로
생태계도 보호, 사람도 보호

싼장위안 국가공원은 크게 티베트 고원, 장강원長江源, 황하원黃河源, 란창강원瀾滄江源으로 나뉜다. 티베트 고원은 평균고도가 4,500m에 이르는 '세

싼장위안 국가공원

중국 서북부 칭하이[青海]성 일대에 지정한 중국 최대의 국립공원. 티베트 고원의 빙하에서 발원하는 황하강, 양쯔강, 란창(메콩)강의 상류에 지정되어 '중국의 급수탱크'라고 불린다. 영어로 'Three-River-Source National Park'로 표현한다. © news.cgtn.com

계의 지붕'으로, 파미르고원과 함께 지구에서 자연 그대로의 풍경이 남아 있는 마지막 오지奧地다. 거점도시는 칭하이青海의 성도인 시닝Xining과 거얼무Golmud로 비행기와 기차 편이 있다.

싼장위안 국가공원의 방대한 땅에서는 이미 많은 마을에 주민들이 거주하면서 농업과 유목 생활을 하고 있다. 중국의 국가공원 개념에는 자연 풍경에 원주민의 생활과 문화가 포함된 것이라는 인식이 있다. 또한 국가공원 지정으로 생태계를 더욱 보호하는 동시에 주민들의 삶과 거주환경도 개선하고자 하는 의지가 담겨 있다.

싼장위안 국가공원의 티베트 고원에서 표범과 늑대가 원주민들의 가축을 공격하는 경우가 많지만, 원주민들은 맹수들에게 보복하지 않는다. 정부는 가축 피해의 일부를 보상해 주고, 원주민을 여행 안내자나 자연 감시원으로 고용해서 '야생 동물과 공존하는' 정책을 펴고 있다.

티베트 고원 초지
싼장위안 국가공원은 평균고도가 4,500m인 칭하이青海-티베트 고원을 포함하고 있다. 서늘하고 적막한 고산지대에서 소수의 유목민을 제외하고는 사람이 살지 않는 곳이다. © Marc Foggin

세계 최고의 국립공원을 통해 '지구 보호 리더'가 되겠다는 중국

모든 면에서 미국과 라이벌 관계에 있는 중국은 국립공원 측면에서도 미국을 앞지르겠다는 전략을 구상하고 있다.

중국은 각 지역의 독특한 자연풍경과 문화자원을 대상으로 224개의 국가급풍경명승구國家級風景名勝區/ National-level Scenic and Historic Interest Area를 지정하여 이를 국립공원과 동격의 보호지역으로 간주해 왔다. 그러다가 국제적 개념의 '국가공원 제도'를 도입해서 2021년 5개의 국가공원과 5개의 '예비국가공원National Park Pilot Site'을 지정했다. 이들 10개 국가공원의 총면적은 230,000㎢에 달한다. 우리나라 면적의 2배가 넘는다.

눈표범雪豹 snow leopard
싼장위안 국가공원에서 400개체 이상 서식하는 것으로 확인되고 있다. 해발 3,000m 이상의 고산지대와 험한 바위가 많은 지형에서 단독 생활을 한다. 기다란 꼬리는 절벽을 뛰어다닐 때 몸의 균형을 잡아주고, 추위를 막는 목도리로도 쓰인다. © news.cgtn.com

5개 국가공원의 평균 면적은 42,000㎢로서, 이는 미국 국립공원의 평

만리장성 예비 국가공원 Great Wall National Park Pilot Site

기원전부터 명나라 시기까지 약 1,600년에 걸쳐 축조된 성곽으로, 총길이가 21,196km에 달한다. © panayota. / 만리장성에서 탐방객이 가장 많은 바달링badaling/八達嶺 지역이 '예비 국가공원'으로 지정되었다. 예전에는 사람을 오지 못하게 하는 장벽이었지만, 현재는 사람을 끌어모으는 관광지다. © Asadal

자금성紫禁城 **세계유산**

세계 최대의 궁궐. 동서 760m, 남북 906m의 땅에 지은 980여 채의 건물에 8,707개의 방이 있다. 궁궐의 둘레에는 11m의 담장을 쌓았고, 바닥에는 두꺼운 돌을 깔아 외부에서 침입할 수 없도록 했다. 1420년에 완공된 후 500년 동안 왕실로 사용되면서 중국의 상징적 장소로 존재했다. / 자금성의 영어는 'Forbidden City(금지된 도시)'다. 즉 성역이다. 사진에 자금성을 바라보는 중국 남자의 기상이 표현되어 있다.

균 면적 3,400㎢보다 12배가 넘는 규모다. 중국은 2,035년까지 국토 면적의 10%에 이르는 50개의 국가공원을 지정할 계획이다. 이는 국토 면적 대비 미국의 2.3%와 세계 평균 3.4%를 훨씬 웃도는 비율이다. 즉 중국은 세계 최고의 '국립공원 국가'로 도약해서 '지구를 보호하는 리더'로 자리매김하려는 야심 찬 계획을 가지고 있다.

둥베이東北 호랑이 · 표범 국가공원Tiger and Leopard National Park

두만강 건너, 마지막 남은 '조선 호랑이 보호구역'

조선 호랑이
아무르 호랑이, 시베리아 호랑이로 부르는 조선 호랑이는 백두산 일대와 중국-러시아 국경에 약 500마리가 있었다. 서식지 훼손과 밀렵으로 1990년대에 20마리까지 감소했다가, 호랑이 · 표범 국가공원 지정 이후 2024년까지 70마리로 증가했다. 2024년에 백두산의 중국 쪽에서 조선 호랑이가 촬영되었는데, 이 개체는 '둥베이 호랑이 · 표범 국가공원'으로부터 약 200km를 이동한 것으로 보인다. © news.cgtn.com

싼장위안 국립공원이 지정될 때 중국 동북부의 지린성과 헤이룽장성에도 면적 14,100㎢의 '둥베이東北 호랑이 · 표범 국가공원Tiger and Leopard National Park'이 지정되었다.

호랑이 발자국
러시아의 '표범의 땅 국립공원' 인근 우수리스크 자연보호구역에 찍힌 호랑이 발자국. 중국과 러시아 국경에 서식하는 호랑이는 두만강 건너 북한 땅도 드나들 것이다. 본래 한반도의 남쪽에도 살았던 조선 호랑이다.

중국과 북한·러시아와의 국경인 이곳에서 밀렵 도구와 인공 시설들을 제거하고, 2만여 개의 적외선 카메라를 설치해 호랑이와 표범의 행동을 관찰하면서 이들의 생존율을 높이고 있다. 그 결과 1990년대에 20마리까지 감소했던 호랑이 개체수가 2024년에 70마리로 증가했다.

국경 넘어 러시아에도 '표범의 땅 국립공원, 2,799㎢'이 지정되어 함께 협력하고 있다. 합해서 지리산 면적의 35배에 달하는 넓은 땅이다.

2023년, '둥베이東北 호랑이·표범 국가공원'에서 한 마리의 표범이 호랑이에게 물려 죽는 사건이 발생했다. 표범도 호랑이도 영역 의식이 강해 같은 공간에 서식하는 경우가 거의 없지만, 서식지 훼손과 먹이 부족으로 표범이 호랑이 영역에 들어와 화를 당한 것이다.(연합뉴스, 2023.12.25.)

현재의 공원면적이 아무리 넓다 해도, 호랑이와 표범에게는 더 넓은 공간이 필요한 것이다. 일반적으로 호랑이의 영역은 먹이환경에 따라 50~1,000㎢로 알려져 있다.

'둥베이東北 호랑이·표범 국가공원'에서는 일반인과 학생들에게 호랑이와 표범을 보호하기 위한 관리 활동과 연구 과정을 교육하고, 현장에서 야생동물을 관찰하는 프로그램을 운영하고 있다.

자이언트 판다 Giant Panda **국가공원**
쓰촨성, 산시성, 간쑤성에 걸쳐 있는 면적 22,000㎢에 달하는 삼림 지역이다. 이곳에 중국 판다곰의 약 80%인 1,860마리 이상이 서식하고 있다. 각각 떨어져 있던 67개의 판다곰 서식지를 하나로 묶어 국가공원을 지정함으로써 판다곰 서식지를 효율적으로 보호하게 되었다. © Coulanges

중국의 남부 쓰촨성을 비롯한 판다곰 서식지에도 파편화된 서식지를 연결해서 '자이언트 판다 국가공원'을 지정했다.

판다panda곰은 중국 남서부의 고지대 산악에 있는 대나무숲에서만 서식한다. 영양분이 적은 대나무만을 먹기 때문에 많이 먹어야 하고, 행동이 느리며, 오래 잔다. 판다곰을 한자로는 웅묘熊猫라고 쓴다. 즉 '고양이 모습의 곰'이라는 뜻이다.

26.

금강산Geumgangsan

북한

일만이천봉이 구름 위에서 반짝이는
금수강산의 백미[白眉]

금수강산이라 불렀던 우리나라 자연에서 단 하나의 산만 유람하라면 어디를 가겠는가? 아마 금강산일 것이다. '금강산도 식후경'이라는 말은 금강산을 최고의 명승지로 간주한 말이다.

'금강金剛'은 불교에서 '진리를 향한 단단한 마음'을 뜻하니, 금강산은 마음을 다스리며 수양을 하는 산이다. 금강산을 영어로 '다이아몬드Diamond 산'이라고 번역한다. 최고의 보석이라는 어감이 있어서 그럴듯하다.

땅 밑에서 솟아오른 화강암 바위가 수천 년 동안 깎이고 패이고 부서져 지금의 아름다운 봉우리와 계곡과 폭포와 기암괴석이 남겨졌다. 비로봉(1,638m)을 비롯한 1천m 이상 봉우리가 60여 개 있는데, 그 밖에도 크고 작은 봉우리가 많아 '일만이천봉'이라 했다. 그림 같은 산 곳곳의 절경마다 암자가 있어 '팔만구암자八萬九庵子'라 했다. 그리고 금강산을 닮고 싶은 산에 '소금강'이란 지명이 많다.

못 가본 지 몇몇 해….
그리운 금강산

금강산(530㎢)은 백두대간의 높은 산과 깊은 계곡, 삼일포를 비롯한 호수와 연못, 동해의 해금강 등 지형이 다양해 동식물의 종류도 많다. 금강

귀면암과 만물상

왼쪽의 귀면암鬼面岩은 귀신의 얼굴과 비슷하다는 봉우리다. 오른쪽으로 멀리 수만 가지의 바위가 빽빽하게 조각되어 있는 만물상萬物相이 보인다. 설악산에도 귀면암과 만물상이 있다. 두 산은 닮았다.

구룡폭포와 관폭정
높이 74m의 구룡폭포는 개성의 박연폭포, 설악산의 대승폭포와 더불어 조선의 3대 폭포로 꼽힌다. / (오른쪽) 여름의 구룡폭포. 일제강점기 때 조운이라는 시인이 "비로봉 새벽안개, 풀 끝에 이슬 되어 구슬구슬 맺혔다가, 구룡연 절벽 아래로 굴러보고 싶다."라는 시를 썼다. © David Stanley

금강초롱꽃
금강산에서 처음 발견되었다고 해서 금강초롱꽃이다. 길을 밝혀주는 초롱불이다. 그러나 이 꽃을 처음 발견해서 학명學名(국제적인 공통 이름)을 붙인 사람은 일제강점기 때의 일본인이다. 그래서 학명이 '하나부사야 아시아티카 나까이 Hanabusaya asiatica Nakai'다. 나까이가 그 일본인이고 하나부사야는 나까이의 일을 도운 일본의 관료다. 가운데 단어는 이 꽃을 발견한 지명을 넣어야 하는데 금강산을 넣지 않고 아시아라는 엉뚱한 지명을 붙였다. 금강초롱꽃에게 너무도 미안하다.

산에서 자라는 고등식물은 1,200종이 넘고, 특히 금강초롱, 금강국수나무, 금강잔대, 금강분취, 금강봄맞이, 금강애기나리 등 금강산에만 있거나 이곳에서 처음 발견된 종이 많다.

동물로는 반달가슴곰, 사향노루, 산양 등이 서식하고 있다. 현재 지리산에서 복원하고 있는 반달가슴곰이 백두대간을 타고 설악산을 거쳐 휴전선 철책까지 와서 금강산 곰을 만나고 싶으니 문을 열어달라고 요청할 때를 상상해 본다.

금강산은 속초에서 불과 60km 떨어져 있는 우리나라 최고의 명산이다. 금강산과 설악산은 한 몸이었는데 휴전선이 둘을 갈라놓았다. 도봉산과 북한산처럼 이름만 다를 뿐 한 줄기로 이어진 산이다.

남북이 분단되어 그리워만 하다가, 1998년부터 2008년까지는 금강산의 일부 구역만이라도 가

볼 수 있었지만, 2008년 말의 관광객 피살 사건 이후 금강산 관광이 중단되었다. "수수 만 년, 아름다운 산, 못 가본 지 몇몇 해…", 그리운 금강산이다.

상팔담上八潭
구룡폭포 위에 있는 8개의 연못. 가파른 등산로를 올라 이 풍경을 내려다보며 아! 이래서 금강산이구나! 하고 감탄사를 터트린다. 하나하나 예쁜 여덟 개의 연못 사이 사이를 한복 옷고름이 이어주는 듯, 조롱박으로 물을 떠서 아래의 연못에 퍼주는 듯 사랑스럽기도 하고 애절하기도 한 모습이다. © Saeschie Wagner / 나무꾼과 선녀 ; 사슴이 나무꾼에게 선녀들이 목욕하고 있는 상팔담의 연못을 일러준다. 그리고 선녀의 날개옷을 감추고 아이를 셋 낳을 때까지 보여주지 말라고 당부한다. 아이를 둘 낳고 살던 어느 날 나무꾼이 무심코 선녀에게 날개옷을 보이자, 선녀는 재빨리 그 옷을 입고 아이들과 함께 하늘로 올라갔다.

조선의 명산 금강산이 세계자연유산이 되다

북한에서는 '국립공원'이란 용어를 사용하지 않고 주로 '명산'이라는 단어를 쓴다. 북한에서 정한 '조선의 6대 명산'은 백두산, 금강산, 묘향산, 구월산, 칠보산, 그리고 지리산이다. 전 세계의 보호지역 통계를 내고 있는 국제자연보전연맹IUCN에서는 북한에 9개의 국립공원이 있는 것으로 기록하고 있다. 그 산들이 곧 금강산, 칠보산, 구월산, 묘향산, 장수산, 장진호, 소흥호, 릉금포항, 박연폭포이다.

여기서 백두산은 빠져있는데, 인터넷 백과사전인 위키피디아Wikipedia에는 백두산, 금강산 등 6개소를 국립공원으로 수록하고 있다. 금강산은 2025년 세계자연유산으로 등재되었고, 백두산의 중국 쪽 산은 2024년 '장바이산長白山'이라는 이름의 세계지질공원으로 지정되었다.

백두산Baekdusan

민족의 웅혼한 혼과 신화가 담긴 산들의 조상, 조종산祖宗山

"동해물과 백두산이 마르고 닳도록…." 학교 다닐 때 가장 많이 불렀던 노래다. 백두산은 이름만 들어도 가슴이 뭉클하고, 저절로 우러르게 되는 민족의 영산이다. 민족 신화의 발원지이고, 조상들이 기상을 펼치던 발해와 고구려 벌판을 호령하는 산이다.

국토의 골격에서 백두대간의 머리이고, 대한민국 모든 산의 종산宗山이다. 그러나 굴곡진 역사의 결과로, 우리 땅을 밟고서는 갈 수 없어, 멀리 빙 둘러 중국을 통해 가야 하는 산이다. 백두산 천지에 오르는 길은 네 곳이 있다. 중국에 북파, 서파, 남파, 그리고 북한에 동파가 있다. '파坡'는 고개를 의미한다.

사람들이 가장 많이 가는 곳은 북파다. 관광거점인 이도백하二道白河에서 출발해, 백두산 입구에서 미니버스로 갈아타고 72개의 굽잇길을 휘둘러 오른 후, 잠깐 걸어 천지 앞에 선다. 인파에 떠밀려 짧게 천지를 일견한 후 인근의 장백폭포를 구경하며 온천물에서 익은 달걀을 맛본다.

다음으로 많이 가는 곳은 서파다. 셔틀버스에서 내려 1,442개의 계단을 쉬엄쉬엄 30분쯤 올라서면 천지다. 길 주변은 온통 야생화가 가득한 초원이다. 서파에서 바라보는 천지의 시야가 가장 넓다. 날씨가 좋으면 16

서파西坡에서 바라본 천지天池
구름과 안개에 묻혀있다가, 갑자기 하늘이 열려 천지의 신비로움이 시야 가득히 펼쳐진다. 보자마자 풍경의 감동이 가슴 가득하게 들어온다. 천지창조의 전율이 이는 민족 신화의 발원지 앞에서, 재회를 기약할 수 없는 위대한 풍경을 한없이 바라본다.

북파北坡에서 바라본 천지
천지는 1년 중 10개월이 겨울이다. 10월의 천지는 이미 한겨울이다. 천공天空에 바람이 불어 호수면에 물결이 일고 있다. © 권혁균

거 봉우리가 다 보인다.

남파는 하루 2천 명만 입장하는 예약제를 한다. 인파에 밀려 사진 한 장 찍기 어려운 북파, 서파에 비해 남파에서는 비교적 여유롭게 천지를 조망한다. 도로와 탐방로 옆의 철조망 너머는 바로 북한 땅이다. 남파에 올라, 고개를 오른쪽으로 꺾어 바라본 동파는 거칠고 가파르다. 스카이라인의 맨 위에 백두산의 최고봉인 해발 2,744m 장군봉이 우뚝하다.

남파에서 바라본 천지
남파는 천지를 가장 가까이서 바라볼 수 있는 곳이다. 새파란 잉크를 풀어놓은 듯한 수면이다. 멀리 정면에 장백폭포가 떨어지는 달문, 오른쪽 끝에 백두산 정상 장군봉이 보인다. 남파 주변은 온통 화산지형이고, 현재도 많은 낙석이 천지로 떨어지고 있다.

남파를 내려서며….
백두산은 하나의 뾰족한 산이 아니라, 뭉특한 봉우리들이 모여 어깨를 기대고 있는 고원이다. / 남파 입구의 압록강 대협곡. 용암이 흐르다 굳은 절벽이 숲과 같아 석림石林이라 부른다.

하늘 아래 가장 숭고하고 장엄한 경관

천지를 어느 곳으로 오르거나 산 밑에는 전나무와 가문비나무가 빽빽하고, 중간에는 하얀 자작나무와 사스래나무가 듬성듬성하다. 해발 2천 미터를 넘으면 나무들은 모두 사라지고 풀과 이끼만 깔려있거나, 자갈과 모래가 나뒹구는 구릉들이다.

천지에 도착하자 호수를 둘러싼 봉우리들이 짠~하고 나타나면서, 그 안에 고요히 담긴 남청색 호숫물이 시야에 가득히 들어온다. 하늘 아래에서 가장 숭고하고 장엄한 경관이다. 신이 천지창조를 한 것 같은 풍경이 심장으로 전해져 가슴을 쿵쿵 진동시킨다. 신의 세계에 들어선 것처럼 하늘에도 땅에도 호수에도 신성한 기운이 가득하다.

천지를 둘러싼 봉우리마다 솟구친 모습과 내리꽂힌 모습이 격하여 민족의 기상이 여기서 발원했음을 직감할 수 있다.

지리산에서 백두산까지 걷고 싶다

백두산을 한마디로 표현하기 힘들다. 길은 멀고, 계곡은 깊다. 숲은 빽빽하고, 자작나무는 길쭉길쭉하며, 사스래나무는 춤추듯 가지를 벌렸다. 초록 언덕에 야생화는 흐드러지고, 황무지 풀잎에 맺힌 이슬은 영롱하다.

고원은 녹색 구름 같기도 하고 봉긋한 이불 같기도 하다. 천지는 만물이 합장하여 떠받든 술잔 같기도 하고, 신이 만물에게 내려준 생명수 같기도 하며, 푸른 물감을 풀어놓은 팔레트 같기도 하다.

백두산은 우리 가슴을 웅장하게도, 슬프게도 만드는 산이다. 민족의 영산이지만 영토의 바깥에 있고, 산의 절반 이상이 중국에 속해 있다. 그러나 역사는 만드는 자의 것이다. 언젠가는 북한 땅을 밟고 천지의 동파에 올라 함성을 지르고 싶다.

지리산에서 설악산까지 걸었던 남쪽 백두대간에 이어, 금강산에서 백두산에 이르는 북쪽 백두대간을 걷는 그날을 그려본다.

27.

다이세츠잔Daisetsuzan 국립공원

일본

여름에는 서늘한 초원, 겨울에는 뜨거운 온천을 즐기는
북해도의 지붕

다이세츠잔 국립공원은 일본 최초(1934년)의, 최대 면적(2,267㎢)의 국립공원이다. 지리산의 5배에 가까운 크기다. 홋카이도섬의 중심에 위치한 다이세츠산은 최고봉인 해발 2,291m의 아사히다케를 비롯한 2,000m 이상의 16개 봉우리를 품은 웅장한 모습을 자랑하고, 이곳의 깊은 계곡으로부터 북해도의 대표적인 물줄기인 이시카와강과 토카치강이 발원한다.

화산활동이 계속되고 있는 다이세츠산은 지금도 곳곳의 지하에서 수증기가 솟아나고 있으며, 산 아래에는 유명한 온천마을이 많다. 이름인 '다이세츠잔大雪山'처럼 고산 지역은 가을부터 봄까지 대부분 눈에 덮여 있고, 짧은 여름에 아름다운 녹색 초원과 야생화 천국이 펼쳐진다.

나무의 바다大樹海라고 표현하는 드넓은 산림에는 가문비나무와 전나무가 울창하고, 그런 숲에서 불곰, 사슴, 여우를 비롯한 많은 야생동물이 살아간다.

산 높이는 후지산,
산 크기는 다이세츠산!

일본에는, 산의 높이를 알려면 후지산으로 가고, 산의 크기를 알려면 다이세츠산으로 가라는 말이 있다.

다이세츠잔大雪山 **국립공원**

27. 다이세츠잔 국립공원

케이블카에서 내려 산 정상을 올려다보는 풍경. 화산활동으로 군데군데 솟아오르는 수증기. 왼쪽의 뾰족한 아사이다케 정상까지는 약 2시간 30분이 걸린다. / 정상 밑의 수가타미[姿見 Sugatami] 호수. 호수에 투영된 산의 아름다운 풍경을 본다는[姿見] 이름이다. © 나공주

은하銀河 폭포와 유성流星 폭포
소운쿄 지역의 작은 능선에 나란히 있는 여女·남男폭포. 은하폭포는 은하가 흐르듯, 웨딩드레스 자락이 바위를 어루만지듯 조용히 내려온다. 오른쪽의 유성폭포는 별똥별이 떨어지듯 곧고 강하게 내리쏟아진다.

구로다케黑岳 로프웨이
소운쿄 마을에서 로프웨이를 타고 해발 1,300m까지 약 10분 올라간 후, 다시 리프트카로 갈아타고 10분쯤 올라가면 해발 1,520m에 전망대와 소규모 전시관이 있다. 여기서 약 1시간 30분을 걸어서 올라가야 구로다케 정상이다. 산 정상까지는 케이블카를 설치하지 않았고, 일본 국립공원에서는 이곳을 마지막으로(1986년) 더 이상의 케이블카를 설치하지 않았다.

다이세츠산은 한여름에도 서늘해서 여름 휴가지로 이상적이고, 탐방객이 많지 않아 한적한 여행지로 그만인 곳이다. '조용한 분위기를 좋아하는' 일본인들의 정서에 딱 맞는 국립공원이다. 또한, 다이세츠산을 원주민인 아이누들이 '신들의 놀이터'라고 부를 만큼 신성한 산으로 인식하고

오제尾瀨 국립공원
오제가하라 고산 습지. 이곳에 댐 설치 계획이 발표되자 대대적인 환경운동이 전개되어 그 계획을 무산시킴으로써 이곳은 일본 환경운동의 상징적인 장소가 되었다. 습지생태계를 보호하기 위해 목재 데크로만 다니는 트레킹 명소다. © 시그마64

지형에 순응하는 비탈면 처리
일반적으로, 시공하기 쉽도록 비탈면의 굴곡을 싹 밀어내 평평하게 만들기 마련인데, 이곳에서는 굴곡을 그대로 두고 그 위에 콘크리트 격자를 울룩불룩하게 붙였다. 토양의 표면에 양분이 남아있어서 식물 활착이 쉽고, 토양이 유실된 격자에는 식생 마다를 쌓았다. 풀이 나온 후 마대는 썩는다. 국립공원다운 시설이다.

있고, 그에 따른 신화가 깃든 장소들이 많아 인문적인 여행하기에도 좋은 곳이다.

다이세츠잔 국립공원에는 약 300km의 탐방로가 있고, 각 탐방로는 산책로 수준인 1등급에서 난이도가 가장 높은 5등급까지 구분되어 있다.

5등급 탐방로에는 기상이 급변하는 원거리 고지대나 깊은 계곡이 많고, 심지어는 길 자국이 없는 곳도 있다. 이런 지역에서는 자연을 보존하는 것이 우선이기 때문에 안전시설이 거의 없어서 '자기 안전은 자기 책임으로 가야 한다.'는 것을 강조하고 있다.

국립공원에서 관광과 휴양을 즐기고, 지역경제에도 기여

일본은 4개의 큰 섬으로 된 국토 대부분이 환태평양 지진대에 속해 있어 늘 지진의 위협에 노출되어 있고, 험한 산지가 많아 인구 대부분이 해안의 도시에 밀집되어 있다. 대부분의 산은 화산에 의해 생겨나 높고 험한 지형을 이루어 후지산(3,776m)을 비롯해 3,000m가 넘는 산이 20개나 된다. 이런 산악을 중심으로 34개의 국립공원이 지정되어 있다. 대부분의 탐방객은 산 아래 명소와 온천을 다녀가는 '관광과 휴양'을 즐기고, 산 정상을 밟는 '등산'은 많지 않다.

일본 국립공원의 입구와 가장자리에는 많은 주민들이 살고 있다. 마을과 농지가 있는 곳은 이곳이 국립공원인가? 할 정도로 국립공원 바깥과 큰 차이가 없는 풍경이다. 케이블카와 대규모 관광시설이 들어선 국립공원도 많다. 일본 국립공원의 관리원칙은 '다목적 이용'이다. 즉, 본래의 자연과 풍경을 온전하게 보전하는 것에 가장 큰 가치를 두면서, 국민의 여가 활용과 자연 감상, 그리고 지역의 관광경제 활성화 등 다양한 기능을 발휘하도록 하는 공원 관리를 하고 있다.

후지-하꼬네-이즈 富士-箱根-伊豆/Fuji-Hakone-Izu 국립공원

일본인들의 성산聖山 후지산과 아름다운 호수·화산·바다의 '연합 국립공원'

후지산은 일본의 아이콘

후지산과 벚꽃, 일본사슴, 토리이(기둥 문) 등 일본의 상징물을 조합한 그림. 후지산은 일본인이 가장 신령스럽게 생각하는 산으로 예부터 종교와 철학, 예술과 문화의 대상이 되어 왔다. © Mollyroselee

후지-하코네-이즈 국립공원은 특성과 위치가 각각 다른 3개 지역을 함께 묶어 지정한 '연합 국립공원'이다. 북쪽에는 일본에서 제일 높은 산인 해발 3,776m의 후지산이 있고, 남쪽에 호수와 온천 관광지로 명성이 자자한 하코네 지역이 있다, 그리고 동남쪽에 다양한 화산지형과 아름다운 섬들을 자랑하는 이즈반도의 해안과 바다가 있다.

각각 흩어져 있는 3개 지역의 총면적은 1,217㎢이고, 도쿄와 오사카 등의 대도시에서 가깝기 때문에 일본에서 탐방객이 가장 많은 국립공원이다.

후지산 정상 분화구 둘레
후지산 분화구는 삭막하고 황량하다. 그래서 후지산에 두 번 오면 바보라는 말이 있다. 분화구 둘레 약 3km를 도는 데 1시간쯤 걸린다. 둘레길 한쪽 언덕의 겐가미네봉에 3,776m라고 새긴 '일본 최고봉' 비석이 있다. © 신석재

일본인들이 가장 신성하게 여기는 후지산

후지산은 약 1만 년 전의 화산활동으로 정상에 분화구가 뚫린 현재의 모습이 되었다. 화산이 마지막으로 폭발한 때는 1707년으로, 현재는 휴면 상태다. 언제 다시 잠에서 깨어날지 모른다. 후지산은 일본인들이 가장 신성하게 여기는 산으로 후지산의 전설과 신앙에 관한 많은 문화자원이 남아있다.

후지산의 정상이 하얀 눈에 덮인 모습은 많은 예술 작품의 소재가 되어 일본인들의 가슴에 각인되어 있다. 이러한 문화적 가치가 독특하고 특별하게 평가되어 '후지산, 성스러운 장소 그리고 예술적 영감의 원천'이라는 이름으로 유네스코의 세계문화유산에 등재되었다.

후지산은 7월부터 9월 중순까지만 등반이 가능하고, 이후 고지대의 대

하코네 아시노코 Ashinoko **호수와 후지산**
멀리 후지산이 보이는 아시노코 호수에서 유람선을 타거나, 호숫가를 산책하며 산과 물에 젖는다. 파란 호수와 하얀 후지산이 어우러진 '가장 일본적인 풍경'을 음미한 후, 온천에 들어가 몸과 마음을 녹인다. © Charlie fong

피소와 화장실이 폐쇄된다. 대부분의 등산객은 중간의 산장에서 1박을 하고, 다음 날 새벽에 정상에 올라 일출을 맞는 일정을 진행한다. 정상 가까이 갈수록 가파른 오르막이지만, 전체적으로는 완만해서 그리 어렵지 않게 올라갈 수 있다. 3천m 이상 고도에서 머리가 아프거나, 호흡이 가쁘거나, 속이 메스껍거나 하는 고산병 증세가 올 수 있다.

아름다운 호수와 뜨거운 화산, 고원 습지가 있는 하코네

도쿄에서 1시간 30분이면 도착하는 하코네는 이곳만으로도 하나의 국립공원이 될 수 있을 정도의 아름다운 자연과 편리한 관광시설을 자랑하는 곳이다. 공원 아래는 온통 호수와 온천이고, 이곳에서 여러 개의 로프웨이와 등산 열차, 등산 버스, 유람선이 사람들을 곳곳의 명소 가까이 데

오와쿠타니 화산계곡
유황 가스가 분출되는 계곡 위로 지나가는 로프웨이. 과거에 재앙을 안겨주었던 화산활동이 이제는 관광객을 끌어 모으는 천연자원이 되었다.

려다준다.

로프웨이를 타고 올라간 산 중턱의 오와쿠타니Owakudani/大涌谷 계곡에는 유황 냄새가 자욱한 가운데 수증기가 슉슉 솟구치고 진흙이 부글부글 끓는 현재진행형 화산지형이 있다. 센고쿠하라의 고원 습지는 풍경 감상과 자연 관찰에 좋고, 산 아래에는 주제가 있는 미술관, 박물관, 식물원이 많다.

힐링과 휴양, 사색과 명상에 그만인 이즈반도

태평양에 돌출된 이즈반도는 아름다운 해안에서 수영과 산책을, 초록빛 고원과 푸른빛 해안에서 트래킹을, 조용한 신사神祠에서 사색과 명상을,

이즈반도 쉬라하마 Shirahama **해변**

절벽 위에 빨간 토리이Torii, 즉 '신사神社의 기둥문'이 있는 풍경. 토리이는 일본의 전통문화에서 신과 사람의 경계에 있는 신의 문이다. 이런 수채화 같은 풍경이 가와바타 야스나리川端 康成가 지은 소설 「이즈의 무희伊豆の踊子」의 무대가 되지 않았을까 상상해 본다. © Jordy Meow

전통적인 료칸旅館에서 온천을 즐기는 천혜의 휴양지다.

이즈반도는 가와바타 야스나리川端 康成의 소설 「이즈의 무희伊豆の踊子」가 쓰여진 곳이다. 이 소설은 이즈로 여행을 와 방랑하던 소년이 유랑극단에서 춤을 추는 어린 소녀를 만나 애틋한 감정을 느끼고 헤어지면서 성장하는 과정을 그린 것이다. 이 소설에 나오는 첫 문장은 서정적이다.

"꼬불꼬불한 산길로 접어들면서 마침내 아마기 고개에 다가왔구나 싶었을 무렵, 삼나무 숲을 하얗게 물들이며 매서운 속도로 빗발이 나를 뒤쫓아왔다."

28.

호앙리엔Hoang Lien 국립공원

베트남

인도차이나반도의 최고봉을 품은 대자연과
그 안에서 빛나는 소수민족 전통문화

호앙리엔 국립공원은 중국과 국경을 맞대고 있는 베트남 북단의 호앙리엔산맥에 위치한 면적 298㎢의 산악 국립공원이다. 정상인 해발 3,143m의 판시판[Fansipan] 봉우리는 베트남뿐만 아니라 인도차이나반도의 최고봉이다.

판시판 정상에 오르려면 관광거점인 사파[Sapa]에서 1박2일 이상 등산을 하거나, 기차-케이블카-푸니쿨라로 이어지는 '고속 트레일'을 타고 쉽게, 빨리 올라가는 방법이 있다. 정상은 구름과 안개에 싸여있는 경우가 많지만, 반대로 산 밑에 구름이 잔뜩 낀 날의 이곳은 오히려 구름 위에서 맑은 하늘일 때도 있다.

호앙리엔 국립공원은 고도가 높고 산림이 울창해서 베트남에서 생물다양성이 가장 풍부한 곳으로 꼽힌다. 베트남 고유생물의 25%가 이 공원에서 살고 있고, 베트남에서 서식하는 양서류의 33%가 이곳에 있다. 3,000여 종의 식물 중 32종이 멸종위기종일 정도로 희귀한 생물이 많다.

호앙리엔 국립공원의 깊은 산골에는 기아이[Giay], 몽[Mong], 다오[Dao] 등 소수민족 원주민들이 그들의 전통을 유지하며 사는 마을 공동체가 있다. 그들의 언어와 문화, 독특한 건물과 생활방식은 귀중한 문화자원이자 관광자원이다.

호앙리엔 국립공원 전경

호앙리엔 국립공원은 베트남의 꼭대기이자 인도차이나의 지붕이다. 최고봉 판시판 정상(3.143m)에 조성된 불교사원과 멀리 구름 위에 넘실거리는 호앙리엔산맥의 위용이 대단하다. © nbthang

사파는 구름과 안개에 젖어….
사파는 며칠 머무르고 싶은 작고 예쁜 도시다. 그러나 고지대 산속이라서 차가운 구름과 안개가 자주 낀다. 따뜻한 남쪽 나라인 베트남에 왔더라도, 고지대인 싸파에서는 몸이 덜덜 떨린다. © Thi

사파는
베트남의 스위스

호앙리엔 국립공원의 거점도시인 사파는 베트남의 수도 하노이에서 버스와 기차로 4~6시간 거리에 있다. 프랑스 식민지 시절에 휴양도시로 개발된 사파는 해발 1,500m의 고산에 위치해서 베트남에서는 유일하게 눈이 오는 날도 있는 도시다. 그래서 '베트남의 스위스'라 불린다. 늘 시원하고 이국적인 도시풍경이 있어 베트남 사람들이 꼭 가보고 싶어 하는 관광지다.

특히 소문난 맛집과 커피전문점이 많고, 골목에서 파는 군고구마와 군

원주민들이 인솔하는 트래킹

사진 오른쪽의 몽족 여인들이 트레킹을 인솔하고 있다. 화려한 원색의 복장에 갓난아기를 업었다. 기본적인 영어를 하고, 균형을 잡기 어려운 진흙탕 길에서 여행자들 손을 잡아주는 등 성실한 가이더 역할을 하지만, 트래킹의 마지막 단계에서는 '능숙한 장사꾼'으로 돌변한다. © 신지환

베트남 전통 마을 따반 Ta van

사파 주변으로 다양한 트레일이 마련되어 있다. 가장 인기 있는 트레일은 전통 마을을 방문하는 코스다. 언덕에서 내려다본 베트남 농촌은 옛날 우리나라 농촌 풍경과 비슷하다. 삐뚤빼뚤한 논길, 허름한 건물들, 거름 썩는 냄새, 새까맣게 탄 농부들, 초롱초롱한 아이들의 눈빛들. © 신지환

이층 침대 버스

베트남을 비롯한 동남아시아의 장거리 노선에는 침대 버스가 많다. 완전히 누운 자세로 잠을 잘 수는 있지만 폭이 좁고 높이가 낮아 옴짝달싹하기 어렵다. 어떤 버스에서는 사람이 짐과 '같은 급'으로 취급되는 경우도 있고, 한 침대에 여러 사람이 '배정되어' 칼잠을 자야 하는 경우도 있다.

다랭이논 천하

마을 주변에서 산 끝까지 온통 논이다. 한 톨의 벼라도 더 생산하려고 산꼭대기까지 계단식 논을 만들었다. 물결처럼 굽이치는 논두렁 풍경이 보기에는 좋지만, 여기 사는 사람들에게는 힘겨운 노동 현장일 것이다.

옥수수는 우리나라 맛과 똑같다. 사파 시내에서 서성거리고 있으면, 곧 알록달록한 전통 복장을 한 원주민, 특히 아기를 업은 엄마들이 다가와 물건을 사라고 하거나 가이더를 하겠다고 애원한다.

사파의 인구 36,000명 대부분이 고산지대 소수민족으로 그들의 마을에서 전통문화 체험을 할 수 있다. 하노이를 중심으로 북쪽인 이곳 사파와 판시판의 '산'을 둘러보고, 남쪽으로 닌빈의 '강'과 하롱베이의 '바다'를 관광하는 패키지 여행상품이 인기다.

사파는 베트남 여행을 마치고 중국이나 라오스로 들어가는 여행 통로이기도 하다. 높고 깊은 산골이기 때문에 국경을 넘는 길이 멀고 험하다.

국립공원의 외곽은 붐비는 관광지,
내부는 생물다양성이 높은 밀림

베트남의 면적은 우리나라의 약 3배, 인구는 약 2배다. 베트남에 거주하는 우리나라 인구는 약 25만 명이고, 한국에 거주하는 베트남 인구는 약 30만 명이다.

베트남은 남쪽의 열대우림으로부터 북쪽의 아열대 지역 및 고산지대까지 다양한 기후대와 생태계를 아우르고 있고, 여기에 34개의 국립공원이 있다. 아름다운 섬 푸꾸옥Phu Quoc, 조류 탐사지 캇 티엔Cat Tien, 희귀한 야생동물이 많은 쿡푸엉Cuc Phuong, 보트와 자전거 여행의 명소 바베Ba Be 국립공원이 유명하다.

베트남에서 국립공원은 보호지역보다는 관광지로서 더 많은 홍보가 되고 있다. 국립공원과 관광지가 겹쳐 있는 곳에 가보면 국립공원 표시가 거의 없다. 관광 포인트는 붐비지만, 그런 곳을 제외하고는 대부분 밀림이어서 사람 출입이 어렵다. 그래서 국립공원의 자연은 잘 보호되고 있다.

하롱베이 Halong Bay

세계 유산으로 등재된 세계적인 관광지로서, 우리나라 사람들이 가장 많이 가는 베트남 여행지다. 하롱下龍은 용이 내려왔다는 뜻이다. 전설에 의하면 외침이 있을 때 주민들을 보호하러 하늘에서 내려온 용이 불을 내뿜어 불똥들이 1,600개의 보석(섬)이 되었다고 한다. 막대한 관광 수입이 있으니까 보석이 맞다. 하롱베이의 한쪽에 생물다양성이 높은 깟바(섬) 국립공원이 있다.

짱안 Trang An **경관보호구**

하노이 남쪽 약 90km에 위치한 닌빈의 카르스트(석회암) 지형. '육지의 하롱베이'로 불릴 만큼 아름다워 세계유산으로 등재되었다. 사진에서 농 또는 논라non la라고 부르는 삿갓을 쓴 사공이 발로 노를 젓고 있다.

29.

키나발루Kinabalu 국립공원

말레이시아

세계적인 휴양지 코타키나발루를 내려다보는
동남아시아의 지붕

키나발루 국립공원은 말레이시아 최초의 국립공원이다. 산을 좋아하는 사람이라면 누구나 동남아시아 최고봉인 로우봉Low's Peak을 '꼭 한번 올라야지!' 하고 벼르는 명산이다. 그린란드, 뉴기니에 이어 세계에서 세 번째로 큰 섬인 보루네오섬에 위치한 키나발루산은 약 150만 년 전에 융기된 '젊은 산'으로 지금도 매년 2mm씩 자라고 있다.

키나발루 국립공원은 754㎢에 이르는 넓은 면적에 저지대의 열대우림과 중간의 온대성 식물지대, 해발 4,000m 이상의 고산지대까지 다양한 지형과 생태계가 들어차 있다. 여기에 4,500종이 넘는 동식물, 100종의 포유류, 326종의 조류가 서식하고 있다. 또한 '키나발루'라는 이름이 붙은 고유종이 많고 중국, 호주, 히말라야, 주변의 적도 일원에서 유입된 식물도 있는 등 식물 다양성이 풍부하다.

키나발루는 '영혼의 안식처'라는 의미로 원주민들이 신성시하는 산이기도 하다. 이러한 생태적·문화적 중요성이 인정되어 유네스코 세계유산으로 지정되었다.

키나발루 국립공원 전경

정상부에 최고봉 로우스 피크 Low's Peak(4,095m)를 비롯한 바위 봉우리들의 실루엣이 뚜렷하다. '영혼의 안식처'라는 뜻을 가진 키나발루산은 동남아시아의 지붕으로, 그 지붕에 오르는 것은 산악인들의 로망이다. © Anton Zelenov

사우스 피크 South Peak
정상 직전에 키나발루에서 가장 늘씬한 해발 3,921m 뾰족 봉우리를 만난다. 여기부터 정상까지는 하나의 암반이 비스듬히 기울어진 풍경이다. 빙하가 깎아낸 암반이다. © 정종관

등산은 빡세지만,
풍경은 기가 막히다.

키나발루산은 일종의 '수직 수목원'이다. 고도에 따른 풍경이 확연하게 다르다. 산 밑은 열대 정글이고 중간은 온대성 식물의 천국이며, 올라갈수록 나무 키가 낮아지고, 정상 부근은 황량한 암반이다.

등산은 쉽지 않다. 해발 1,866m의 팀포혼 게이트 Timpohon Gate 에서 정상까지는 8.5km인데, 1박 2일 일정이니 난이도가 높은 코스다. 등산로 내내 계단이 많고, 올라갈수록 밧줄을 잡거나 사다리를 타고 오르는 절벽도 있어 설악산 공룡능선을 오르는 맛이 난다. 해발 3천m를 넘어서면 머리가 아프고 숨이 차고 어지러운 고산병 증세가 올 수 있다. 무조건 쉬면서 천

산장hut **단지**

공원 입구에서 5~6시간을 걸어 해발 3,270m의 산장 단지에 도착한다. 이용자 대부분이 뷔페식 식사가 좋았다고 칭찬한다. 난방은 되지 않아 여름에도 핫팩이 필수다. 투숙객의 대부분은 일출을 본 후 당일로 '기나긴 하산'을 하기 위해 새벽 2시쯤 정상으로 출발한다. © mountkinabalu.com

로우스 피크 Low's Peak

가운데의 봉우리가 해발 4,095m의 키나발루 정상이다. 주변은 회색빛 화강암 판석slab stone이고, 정상은 돌무더기다. 가장 높은 곳에 올랐지만, 그곳의 이름은 '낮은 곳Low's Peak'이다. 최초로 등정한 사람의 이름이 로우Low여서 그런 이름을 붙였다고 하지만, '겸손하라'는 의미로 받아들여진다. © 정종관

천히 올라가야 한다.

드디어 정상에 서면 올라설 때의 어려움을 100배 보상하고도 남을 장쾌한 풍경을 만난다. 구름에 묻혀 아무것도 보이지 않을 때도 많다. 그렇더라도, 무한한 성취감에 젖어서, 거기에 당당하게 서 있는 자신에게 박수

키나발루의 특별한 동물 오랑우탄 Orangutan

사색에 잠긴 듯한 표정의 오랑우탄. 오랑우탄은 말레이어로 '숲 hutan (우탄)에 사는 사람 oran (오랑)'이라는 이름이다. 말레이시아의 보르네오섬과 수마트라섬의 나무 위에서 산다. DNA 지도가 침팬지-보노보-고릴라 다음으로 사람과 가까운 동물이다. 열대우림의 파괴와 밀렵 등으로 멸종위기에 처해 있다. © Bicho raro

를 보내게 된다.

키나발루 국립공원은 하루 입장객을 제한하는 예약제를 하고 있으며, 가이더 동행이 필수고, 공원사무소에 입산 신고를 하고 통행 카드를 발급받아야 한다. 입장료·입산료·산장 숙박비와 식비·가이드 비용을 합해 1박 2일에 100만 원 안팎의 경비를 지출해야 한다.

산 아래에도 다양한 자연 탐사, 문화 체험 프로그램

키나발루 국립공원에는 정상을 가지 않더라도 산 아래에서 하루 일정의 트레킹, 높이 41m 길이 157m의 흔들다리 걷기Canopy Walk, 동식물 관찰, 식물원 탐방, 반딧불 체험 등의 다양한 프로그램이 있다. 특히 깜깜한 밤에 숲속 가득히 작은 별들이 반짝이는 풍경을 보는 반딧불 체험이 인기 있다.

인접한 도시 코타키나발루는 깨끗한 바닷물과 황홀한 노을풍경으로 이름난 세계적인 휴양지다. 아름다운 해안과 섬에 다양한 해양스포츠 액티비티가 있고, 보르네오의 전통음식을 즐기며 원주민 문화 체험을 하는 곳으로 유명하다.

키나발루의 특별한 식물

(왼쪽) 라플레시아Rafflesia. 세계에서 가장 큰 꽃으로 지름이 1m, 꽃 무게가 10kg 이상 나간다. 파리를 유인하는 썩은 냄새를 피운다. © Cn0ra / (오른쪽) 벌레잡이통풀 네펜데스Nepenthes. 꽃봉오리의 입구나 뚜껑에서 꿀샘을 분비해 곤충을 유인한다. 이 꽃에 도착한 곤충은 꽃잎이 미끄러워 밑으로 빠지고, 식물은 이 곤충을 소화해 양분으로 취한다. © Nelynnnnn

30.

짐 코벳Jim Corbett 국립공원

인도

호랑이를 보호하기 위하여 지정한
인도 최초의 국립공원

수풀 속으로 사라지는 호랑이
짐 코벳 국립공원의 숲 가장자리에 나타난 호랑이가 사람 인기척을 느끼고 수풀 속으로 몸을 숨기고 있다. 호랑이는 뒤를 한번 돌아본 뒤, 서두르지 않고 품위 있게, 성큼성큼 숲속으로 '순식간에' 사라졌다. 사진마다 가운데에 호피 무늬가 보이고, 첫 번째와 마지막 사진에는 쫑긋하게 세운 귀가 보인다.

짐 코벳 국립공원은 1936년 인도 최초의 국립공원으로 지정되었다. 짐 코벳은 사람 이름이다. 그는 전설적인 사냥꾼이자 자연을 사랑하는 보전주의자였다. 사냥과 보전은 어울리지 않는 조합인데 어떤 사연이 있을까? 수백 명의 사람을 잡아먹은 식인食人 호랑이를 잡기 위해 군대까지 동원했지만 실패했는데, 짐 코벳이 식인 호랑이 여러 마리를 사냥해서 국민적인 영웅으로 떠올랐다.

모든 호랑이를 죽여야 한다는 여론이 들끓던 시기에, 그가 식인 호랑이만을 '골라서' 사냥했기 때문에 다른 '무고한' 호랑이들을 살릴 수 있었다. 또한 사냥 포상금을 피해자들에게 나누어 주어 국민에게 큰 신망을

사슴을 뒤쫓는 호랑이

얻었다.

그는 사냥꾼의 촉감과 경험으로 호랑이를 비롯한 야생동물들의 숫자가 크게 감소하고 있음을 알게 되었다. 그래서 호랑이를 보호해야 한다는 발상을 했고, 자연보호에 관심이 없던 당시에 여러 반대를 극복하면서 호랑이가 많이 살던 이 지역을 국립공원으로 지정하는 데에 큰 역할을 했다. 그래서 최초의 국립공원 명칭에 그의 이름을 붙였다.

짐 코벳 국립공원의 램강가 호수 근처에서 사슴 무리를 '조용하게' 뒤쫓는 호랑이. 인도와 네팔에 사는 호랑이를 벵갈Bengal 호랑이라고 부른다. 시베리아(조선)호랑이보다 덩치가 작다. © venkat jay

호랑이 보호를 위해서 사파리 관광이 활성화되어야!

짐 코벳 국립공원은 인도의 수도 델리에서 250km 떨어져 있다. 공원 면적은 1,318㎢로 지리산의 3배에 가깝다. 공원구역의 73%는 산림이고 10%는 초지이며 호수, 강, 늪지, 언덕 등 다양한 자연환경을 갖추고 있다.

짐 코벳과 호랑이
짐 코벳 국립공원 입구의 해설판에 적힌 '호랑이 보호주의자' 짐 코벳의 명언. "야생동물이 우리의 소중한 자산임을 모든 인도인이 인식하지 않는 한 밀렵은 계속될 것이다. 야생동물은 우리에게 신탁된 소중한 자산이고, 우리는 이 자산을 져버리지 말아야 한다."

아시아코끼리
야생 코끼리가 많은 아프리카와 달리, 아시아코끼리는 가축화되어 사람에게 이용되는 개체수가 많다. 즉 야생 코끼리가 매우 적다. 짐 코벳 국립공원에는 약 700마리의 야생 아시아코끼리가 서식하고 있다.

이런 다양한 지형에서 617종의 식물, 50종의 포유류, 586종의 조류, 33종의 파충류 등 다양한 생물들이 서식하고 있다.

특히 약 250마리의 벵골호랑이를 비롯한 표범, 삵, 코끼리, 아시아흑곰, 사슴 등의 대형 동물들이 서식하고 악어와 비단뱀도 살고 있다. 이런 대형 동물들이 서식하고 있다는 것은 '먹고 먹히는' 생물들의 먹이사슬이

인도영양Black Buck Deer
수컷에게만 기다란 나사 형태의 날카로운 뿔이 있다. 수컷은 검은색 재킷에 하얀 바지를 입은 듯 대조적인 몸 색깔이고, 암컷과 새끼들은 몸 전체가 옅은 갈색이다. © Deeperson Mitra

원숭이
(왼쪽) 히말라야 원숭이rhesus macaque. 사람 환경에 잘 적응하고, 한 무리가 200개체에 이를 정도로 큰 집단을 형성하여 살아간다 / (오른쪽) 회색 랑구르gray langur 종류. 꼬리가 몸길이보다 긴 '긴꼬리원숭이과' 소속으르, 울창한 숲속에서 무리를 지어 생활한다.

잘 유지되고 있다는 것이다.

이런 자연생태계를 보호하기 위한 예산 마련을 위해, 그리고 야생동물 보호에 따른 지역 주민의 피해를 보상하고, 나아가 지역경제 기여를 위해서는 '생태관광' 활성화가 필요하다. 그래서일까, 외국인이 지불해야 하는 생터관광 참가비는 매우 비싸다. 호랑이와 코끼리 등 커다란 야생동물

큰 두루미 Sarus crane
두루미 종류 중에서 가장 큰 두루미. 머리 꼭대기는 회색이고, 주변은 선명한 붉은색이며, 다리는 분홍색이다. © Deeperson Mitra

을 구경하는 사파리 투어는 새벽에 출발한다. 야생동물 보호를 위해, 그리고 사람 보호를 위해 '걷는 탐방로'는 없다.

국립공원은 심장 역할, 이동통로는 혈관 역할

황새 종류(홍대머리황새/painted stork)
인도따오기황새라고도 한다. © Deeperson Mitra

인도는 히말라야 고지대, 열대우림지역, 초지, 사막, 해안의 맹그로브 숲 등 다양한 지형이 있어 생물다양성이 매우 높고, 이들 지역에 106개의 국립공원과 573개의 야생동물 보호구역Wildlife Sanctuary이 지정되어 있다.

2022년 조사 결과 인도 전역에 약 3,100마리의 호랑이가 서식하고 있는 것으로 확인되었다. 이는 전 세계 호랑이의 약 70%에 해당하는 개체수다. 이들을 보호하기 위한 54개 호랑이 보호구역Tiger Reserve의 총 면적은 인도 국토의 2.3%에 달한다.

인도 야생동물연구소의 조사 결과 호랑이가 안정적으로 서식하는 지역의 85%는 법적으로 엄격히 관리되는 보호지역이었고, 그 주변으로 이동통로corridor를 따라 새로운 서식지가 관찰되었다.

도로는 동물이동통로

인도의 국립공원에서 도로는 호랑이를 비롯한 큰 동물들의 이동통로이기도 하다. 짐 코벳 국립공원을 관통하는 도로의 안내판에 "야생동물들이 안전하게 길을 건너도록 시속을 40km 이하로 제한하며, 쓰레기를 버리지 말고, 자연훼손을 하지 말라"는 내용이 쓰여 있다.

국립공원을 비롯한 보호지역이 호랑이의 안정적인 번식과 먹이터를 보장하는 '심장' 역할을 하고, 이동통로가 '혈관'처럼 호랑이의 이동을 도와 주변으로 퍼져나갈 수 있었다. (더 사이언스 타임즈, 2025.9.4)

산자이 간디 Sanjay Gandhi 국립공원

매연과 스모그로 숨 막히는 대도시 뭄바이를 숨쉬게 하는 오아시스

산자이 간디 국립공원과 뭄바이
산자이 간디 국립공원은 인도 최대의 도시 뭄바이를 둘러싸고 있다. 도시의 스모그로 산은 숨이 막히고, 산과 도시의 경계는 훼손과 오염으로 시련을 겪는다. 그래도 산은 도시에게 맑은 공기와 깨끗한 물을 공급해 준다. 일종의 짝사랑이다.

산자이 간디 국립공원(103㎢)은 인도 최대의 도시 뭄바이 Mumbai를 둘러싸고 있는 도시공원이다. 뭄바이 인구는 약 1,300만 명으로 세계에서 인구밀도가 가장 높은 대도시의 하나이고, 대기오염이 심한 도시로 악명이 높다. 그런 도시에 국립공원의 존재는 사막의 오아시스와 같다.

산자이 간디 국립공원은 우리나라의 북한산 국립공원과 닮았다. 남북으로 길쭉하게 생긴 공원이 도시에 둘러싸여 있는 모습이 닮았고, 인구 2,300만 명에 달하는 뭄바이-광역도시권에 '생명의 숲' 역할을 하는 것도 닮았다. 도시공원으로서의 고민도 비슷하다. 공원구역으로 슬럼가 확장, 불법 수목 벌채. 산불, 공원마을에 야생동물 출현 등의 고민을 안고 있다.

특히 공원구역에 불법 거주민이 1만 명을 넘은 상태에서 서식지를 상실한 표범이 마을에 접근하는 사고가 많아지고 있다. 표범의 잘못이 아니다.

산자이 간디 국립공원에는 '간신히' 남아있는 야생동물과 생태계를 보호하기 위하여 레크레이션 지역(5.5㎢)에 사람 이용을 집중시키고, 나머지 지역은 출입을 제한하는 정책을 쓰고 있다. 이 레크레이션 지역에는 동물원, 악어농장, 사파리 공원, 보트를 타는 호수, 숲속 협궤열차 등이 있다. 사람도 만족하고 생물들도 만족하는 '공간 나눔'이다.

산자이 간디 국립공원에는 기원전 2세기부터 스님들이 절벽을 파서 만든 109개의 칸헤리 Kanheri 동굴이 있다. 칸헤리는 인도인이 신성시하는 크리슈나 Krishna 신의 검푸른 피부색을 상징하는 단어다. 이들 동굴에 있는 아름다운 불상과 조각물, 벽화, 사리탑 stupa 을 보기 위해 많은 사람들이 찾아온다. 사원의 주변에는 여행자의 지갑을 열려는 상인과 여행자의 간식을 노리는 원숭이가 많다.

사슴

왼쪽 : 어른 수컷, 오른쪽 : 어린 암컷. 사슴은 햇빛이 닿아 맛있는 풀이 많은 숲 가장자리를 선호한다. 숲속의 맹수를 피해서 잘 달릴 수 있는 장소이기도 하다. 사슴은 늘 작은 소리에도 귀를 쫑긋하고 고개를 돌리며 경계를 한다.

칸헤리 동굴 입구의 부처상과 내부

동굴 끝에 둥그런 탑 stupa 이 있다. 인도의 대표적 동굴사원인 아잔타 동굴과 모양이 비슷하다. 칸헤리 동굴의 입장료는 인도인 25루피(400원), 외국인 300루피(5천원).

31.

사가르마타Sagarmatha 국립공원

네팔

하늘 아래 더 높은 곳은 없다!
에베레스트산을 품은 '하늘의 이마'

1년에 20cm씩 북쪽으로 이동하던 인도 대륙이 5천만 년 전부터 유라시아 대륙과 충돌하여, 충돌된 지역이 솟아올라 약 3,800km 길이의 히말라야산맥이 되었다.

현재도 두 대륙의 충돌은 계속되고 있어 히말라야산맥은 1년에 4mm씩 높아지고 있다. 당시의 인도 대륙과 유라시아 대륙 사이에는 바다가 있었는데, 바다의 퇴적물들이 두 대륙이 충돌할 때 솟아올라 산맥의 일부가 되었다. 그래서 히말라야의 꼭대기에서 바다의 흔적이 발견되고 있다.

히말라야는 '눈의 거처'라는 이름이다. 정상은 해발 8,848m의 에베레스트산이다. 에베레스트는 영국인 측량 관료의 이름이다. 이 산의 본래 이름을 티베트에서는 '초모룽마Chomolungma(대지의 어머니)', 네팔에서는 '사가르마타(하늘의 이마)'로 부른다.

에베레스트산의 북쪽은 중국에서 '쿠오모랑마 국가급 자연보호구Qomolangma National Nature Preserve'로, 남쪽은 네팔이 사가르마타 국립공원으로 지정하여 보호하고 있다.

로체Lhotse

31. 사가르마타 국립공원

사가르마타 국립공원에는 에베레스트를 비롯하여 로체(8,516m), 로체사르(8,393m), 초오유(8,201m), 눞체(7,861m), 푸모리(7,165m), 아마다블람(6,812m) 등 이름만 들어도 산악인들의 가슴을 뛰게 하는 봉우리들이 널려 있다.

사가르마타 국립공원
고쿄Gokyo 호수 위로 바라보는 사가르마타 국립공원의 중심. 가장 높은 곳 에베레스트(8,848m)에 강한 눈발이 휘날리고 있다. 가운데 뭉툭한 봉우리는 눕체(7,861m), 바로 오른쪽 뾰족한 봉우리는 로체(8,516m). © High Spirit Treks

세르파의 고향 남체 바자르
루클라 비행장으로부터 18km 떨어져, 거기에서 이틀을 걸어 도착하는 히말라야의 관문이다. 해발 3,440m로 이곳에서 하루 쉬며 고산 적응을 하는 사람이 많고, 도시의 이름에 시장bazar이 붙어있을 정도로 '없는 것이 없다.' 유명한 세르파는 거의 남체 출신이다. 남체를 내려다보고 있는 봉우리는 해발 6,618m의 탐세르크.

사가르마타 국립공원에는 에베레스트를 비롯하여 로체(8,516m), 로체 사르(8,393m), 초오유(8,201m), 눕체(7,861m), 푸모리(7,165m), 아마다블람(6,812m) 등 이름만 들어도 산악인들의 가슴을 뛰게 하는 봉우리들이 널려

아마다블람Ama dablam

아마다블람(6,812m)은 히말라야의 마차푸차레, 알프스의 마터호른과 함께 세계 3대 미봉美峰으로 불린다. 갸름하게 잘생긴 산이 양쪽의 자식들을 껴안고 있는 모습이고, 그 사이를 흐르는 빙하가 목걸이 같다고 해서 '어머니Ama의 목걸이Dablam'라는 이름을 갖게 되었다.

아! 에베레스트

에베레스트를 가장 가깝게 전망할 수 있는 칼라파타르 언덕(5,643m)에서 본 에베레스트(8,848m). 이 장면을 보려고 몇 날 며칠을 추위와 고소병을 무릅쓰고 올라왔다. 가운데 검은 절벽이 에베레스트, 오른쪽의 뾰족한 봉우리는 눞체에서 로체로 이어지는 능선. 에베레스트와 눞체 사이에 쿰부Khumbu 빙하가 커브를 틀며 흘러내리고 있다. 기후변화 때문에 점점 줄어들고 얇아지는 빙하의 맨몸이 앙상해 보인다. © 강승부

있다.

사가르마타 국립공원의 69%는 해발 5,000m 위에 있는 불모의 땅이고, 산 아래의 28% 지역은 가축을 방목하는 초지다. 산림은 3%에 불과하

에베레스트 북쪽 초모룽마
중국쪽 티베트 고원 위에 뜬 히말라야산맥. 왼쪽의 에베레스트 삼각 봉우리가 펜촉처럼 하늘을 찌르고 있다. 초모룽마(대지의 여신)라는 이름에 걸맞게 하얀 눈을 이고 있는 신성한 모습이다. 성자의 얼굴을 바라보듯, 금지된 사진을 보듯 가슴을 두근거리며 오랫동안 시선을 뗄 수 없다. © Jerry界

고, 산 아래에는 참나무숲이, 높은 고도에는 지의류와 이끼류 식물만 간신히 살고 있다. 빈약한 숲과 극한적인 환경에서 포유류의 숫자는 많지 않다.

히말라야 흑곰, 눈표범, 늑대, 자칼, 산양, 노란목도리담비 등이 서식한다. 개체수는 적지만 혹독한 환경에서 살아가는 야생동물들의 생명과 서식지를 보호하는 것은 매우 중요하다.

사가르마타 국립공원은 '신성한 히말라야 경관The Sacred Himalayan Landscape' 이라고 부르는 '범-히말라야 협력 지역'의 일원이다. 네팔-인도-부탄을 잇는 히말라야산맥은 국경을 초월하여 보전하자는 이 협력 지역의 총면적은 39,021㎢에 이른다. 이 지역에 80종의 포유류와 440종 이상의 조류가 서식한다.

손영조 레인저의 에베레스트 등정

히말라야 설산
에베레스트 정상에서 내려다본 하얀 봉우리들이 범선의 돛처럼 아름답다. 오직 이 지점에서만 볼 수 있는 지구 최고의 풍경이다. 그러나 이제부터 하산길이 문제다! 체력은 바닥났고, 다리는 풀렸으며, 집중력도 떨어졌다. © 손영조

에베레스트 정상에 선 손영조 레인저
이 지점은 1953년 에드먼드 힐러리가 세계 최초로 올라섰던 바로 그 자리다. 2008년 5월 22일 이 자리에 선 손영조 레인저는 이렇게 회고했다.
"이곳에 선 것은 잠깐이지만, 그 뒤에는 너무 힘들었던 준비기간이 있었다. 이 산에서 내 능력을 믿기보다는 항상 신의 가호를 빌었다. 이 산에서 내 능력은 없는 것이나 마찬가지다." © 손영조

국립공원공단 소속의 손영조 레인저는 세계 7대륙의 정상에 오른 산악인이다. 2001년에 유럽 최고봉 엘부르즈(5,642m) 등정을 시작으로 2014년 오세아니아의 칼스텐츠(4884m)까지 15년 걸려 그의 꿈을 이루었다. 직장생활을 병행하며 산악 훈련을 하고, 적지 않은 경비를 마련하느라 오랜 시간이 걸렸다. 그는 2008년 5월 22일 에베레스트 정상에 올랐다.

32.

차린 협곡Charyn Canyon 국립공원

카자흐스탄

아름답게 무너지며 붉게 조각된 절벽들은
'작은 그랜드캐니언'

차린(샤린) 협곡 국립공원(1,251㎢)은 지리산의 3배에 가까운 광활한 산악과 황무지와 사막과 강으로 이루어진 곳이다. 차린 협곡은 '무너지고, 부서지고, 쪼개지는' 경관이다. 장구한 세월 동안 모래가 쌓이고 쌓여 압축되면서 약 1천2백만 년 전에 퇴적암이 되었다. 그 표면에 가느다란 틈이 성겨 물이 흐르고, 물의 힘이 그 틈을 벌리면서 양쪽의 퇴적암을 깎아 내렸다. 모래 성분이라 잘 부수어지고 잘 패인다. 즉 자연의 힘이 조각하기 좋은 암석이다. 그 결과 오늘의 아름다운 절벽과 갖가지 모양의 바위들이 탄생했다.

차린 협곡은 카자흐스탄의 옛 수도 알마티에서 약 200km 떨어진 중국 국경 인근에 위치하고 있다. 사막 지형에 햇빛이 쨍쨍하고 그늘이 없어 모자와 선크림, 충분한 식수를 가져가야 한다. 알마티에서 출발하여 차린 협곡과 몇 개의 명소를 당일에 다녀오는 여행 프로그램이 많다. 시퍼런 물빛과 자연 숲이 어우러진 콜사이Kolsay 호수, 가문비나무가 미술작품처럼 물에 잠긴 카인디Kaindy 호수가 유명하다.

154km에 달하는 협곡에서 탐방객이 갈 수 있는 트레일은 3km에 불과하다. 미니 트레일이지만 차린 협곡의 조각 작품들은 대부분 이곳에 집중되어 있다. 조각 같은 바위들이 성처럼 늘어선 이 협곡을 '성채의 계곡Valley of Castle'이라 부른다.

나무 한 그루 없는 협곡에서 뜨거운 햇빛과 건조한 공기를 뚫고 내려

차린 협곡 전경

협곡의 초입. 좌우로 아름다운 절벽들을 집합시킨 이런 웅장한 협곡이 장장 154km나 이어져 있다니, 서울에서 대전까지의 거리다. 미국의 그랜드캐니언이 가까이 가기 어려운 초현실적 경관이라면, 이곳은 가까이에서 절벽과 바위를 어루만지는 현실적 풍경이다. © 이명희

성채의 계곡 Valley of Castle

모래가 쌓여 압축된 사암砂岩이 갈라지고 쪼개지면서 차린 협곡이 조각되었다. 그중에서도 이곳은 각양각색의 절벽과 바위들이 협곡을 호위하는 성채城砦의 모습이다. 기다란 성채에 아침의 여명과 석양빛이 비쳐 빨갛게 물드는 모습은 보는 이의 가슴을 뜨겁게 달군다. © 이명희

차린 협곡을 가르는 차린강

물이 갈라놓은 협곡에 강이 흐르고, 강은 협곡을 더 깊고 넓게 가르며 나아간다. 머지않아 주변의 산악을 더 무너뜨려 더 넓고 더 깊은 '그랜드캐니언'을 조각해 낼 것이다. 옥빛 차린강은 장장 427km를 흐르며 주변에 생명력을 불어넣고 일리Ili강에 합류된다. © Anatolii shcherbyna

가면 트레일 반환점에서 차린강이 기다리고 있다. 강에 이르니 비로소 초록 나무들이 있다. 나무 그늘 밑에서 톈산天山(7,439m)의 빙하가 녹아 흘러온 차가운 물에 발을 담근다. 한여름에도 얼음장이다. 순식간에 몸 전체가 시려온다.

키르기스스탄의 파미르고원
꿈속의 풍경일까, 가슴을 뭉클하게 하는 숭고한 경관이다. 레닌봉 베이스캠프(3,600m)에서 바라본 파미르고원의 설산이 호수에 내려앉았다. 평균 해발 5천m인 파미르고원은 히말라야-텐샨-힌두쿠시-카라코람 등 세계 최대의 산맥들이 사방에서 모여 '산의 구름, 세계의 지붕'을 이루는 곳이다.

알틴 에멜Altyn Emel 국립공원
'노래하는 모래언덕singing dune'으로 불리는 바르한. 바르한barchan은 한쪽에서만 바람이 불어 생기는 초승달 모양의 모래언덕을 말한다. 이 바르한 꼭대기에 바람이 불면 모래 알갱이들이 일제히 흩날리며 충돌해서 웅웅~ 윙윙~ 하는 소리를 낸다. 파이프 오르간에서 내는 소리와 비슷하다. © Tagonika

이곳을 답사한 여행자 제시카 빈센트가 이렇게 썼다.

"끝없이 펼쳐진 평평한 대지만을 달려왔기 때문에 이곳에 평지가 단 한 뼘도 없다는 사실은 보고도 믿기 어려웠다. 발아래 골짜기에서 솟아오른

파미르 하이웨이는 풍경 전시장

키르기스스탄에서 타지키스탄까지 장장 1,200km를 달리는 파미르 하이웨이 주변은 풍경의 전시장이다. 왼쪽 무지개산은 시기마다 다른 물질들이 퇴적된 모습이고, 가운데 산은 마그마가 솟구쳐 굳은 암릉 밑에 '초원의 바다'가 물결치듯 펼쳐져 있다. 오른쪽 산은 미국의 그랜드캐니언 한 조각을 옮겨온 듯하다. 토양에 철 성분이 많아 붉게 물들었다.

붉은 암석들은 바위를 깎아 만든 초고층 건물 같았다. 이곳의 고요함은 차원이 다르다. 내 심장이 쿵쿵 뛰는 소리와 바위틈으로 부는 바람 소리가 들릴 정도로 고요하다. 만일 이곳이 그랜드캐년이라면 나는 수백 명의 관광객에게 둘러싸여 있었을 것이다. 하지만 나는 지금 이 트레일을 독차지하고 있다."

『내셔널지오그래픽 트래블러, 2023.11』

카자흐스탄, 키르기스스탄, 우즈베키스탄 등 '~스탄'으로 끝나는 이름을 가진 여러 국가가 모여있는 곳을 중앙아시아라고 부른다. '~스탄'은 땅이라는 뜻으로 한자의 '국國'처럼 사용된 단어다. 이 지역은 유럽과 아시아 대륙의 사이에 위치해서 두 대륙을 오고 갔던 교역과 전쟁의 통로였다. 서쪽의 페르시아, 동쪽의 몽골로부터 지배와 교류의 영향을 많이 받았

파미르 고원 트래킹
해발 3800m의 광활한 초원 뒤에 거대한 설산들이 병풍처럼 늘어서 있다. 숭고함과 경외감을 느끼지 않을 수 없는 압도적인 경관이다. 산에 오르는 것이 아니라, 들어간다는 말이 맞다.

다. 그곳의 끝없이 펼쳐진 사막과 초원, 오아시스 같은 강과 호수, 그리고 세계의 지붕을 이루는 천산산맥과 파미르고원에 국립공원을 비롯한 많은 보호지역이 지정되어 있다. 그곳은 대부분 높은 산과 거친 황야에서 가축을 몰며 이동하는 유목민들의 땅이다.

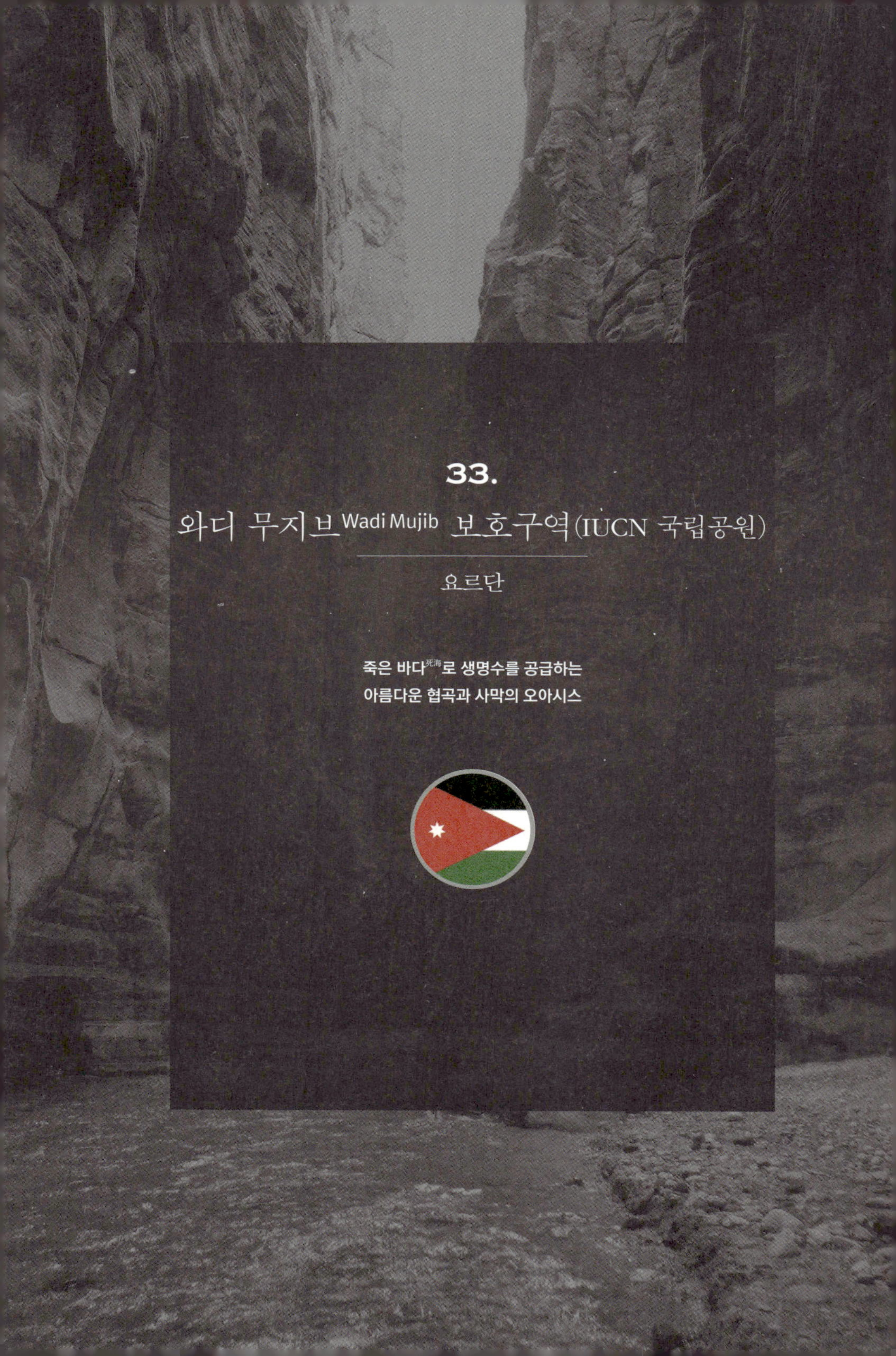

33.

와디 무지브Wadi Mujib 보호구역(IUCN 국립공원)

요르단

죽은 바다死海로 생명수를 공급하는
아름다운 협곡과 사막의 오아시스

사막에서 비가 올 때만 일시적으로 흐르는 강 또는 개울을 와디[wadi]라고 한다. 그러나 와디 무지브[Mujib]의 물은 언제나 흐른다. 특히 여름철에는 콸콸, 맹렬하게 흐른다. 그래서 무지브의 이름 뜻은 '포효하는 강'이다. 메마른 사막에서 포효하며 흐르는 강물이라니 얼마나 귀한 강인가!

와디 무지브 계곡
와디 무지브 계곡물이 사해로 떨어지는 지점의 모습. 우기에는 격렬하게 흐르며 '포효하는' 소리를 내지만, 건기에는 고요하기 이를 데 없는 적막강산이다. 오른쪽 그림은 와디 무지브 계곡의 2,500만 년 전부터 현재까지의 변화 과정.

강의 격렬한 물살이 울퉁불퉁한 언덕과 구릉을 가르고, 거대한 바위산의 틈을 벌리면서 절벽과 협곡을 조각해 아름답고 독특한 풍경을 만들어 냈다. 이런 바위투성이 지형과 메마른 사막에서도 557종 이상의 식물과 221종의 새, 10종 이상의 육식동물 등 수많은 생물이 생존하고 있는 것은 놀랍다.

사람들이 가지 않는 깊은 계곡과 높은 산은 산양과 야생 염소[horned ibex]들의 '안전한' 세상이다. 이러한 와디 무지브의 독특한 생태적 가치가 인정되어 유네스코의 생물권 보전지구로 지정되었고, 국제자연보전연맹[IUCN]에서는 이곳을 국립공원으로 분류했다.

와디 무지브 전경

모래가 쌓여 압축된 사암[砂岩] 고원에 빗물 한 방울이 떨어져 틈이 생기면서 2,500만 년이 지나 이렇게 울퉁불퉁한 지형이 되었다. 왼쪽의 아르논 계곡에 강물이 콸콸 흘러가고 있다. 사막에서 발원한 수백 개 냇물을 모아 달려온 계곡의 끝은 '하필이면' 사해[死海]다. © Effi Schweizer

와디 무지브 보호구역(212㎢)은 수도 암만에서 불과 90km 떨어진 가까운 거리에 있고, 인근에 사해라는 유명한 관광지가 있어 함께 둘러보는 여행지다. 특히 우기에는 이곳 아름다운 협곡[Siq]의 격렬한 물줄기에서 모험적인 계곡 타기[canyoning]를 하기 위해 전 세계에서 찾아오는 청년들이 많다. 이 협곡의 전반적인 모습은 미국의 그랜드캐니언 국립공원을 축소한 모형처럼 보이고, 황금빛 절벽에 새겨진 아름다운 무늬와 초록색 계곡물은 자이언 국립공원의 내로우즈Narrows 협곡을 옮겨온 듯하다. 이곳의 강물은 바다보다 낮은 사해로 흘러내린다. 와디 무지브는 세계에서 가장 낮은 곳에 위치한 보호지역이다.

짜릿한 계곡타기 Canyoning

강물과 자갈이 휘몰아치며 조각한 물결모양 무늬의 와디 무지브 협곡 / 4월부터 10월까지의 우기에 모험적인 계곡 타기를 하기 위해 전 세계에서 많은 청년들이 찾아온다. 급류와 폭포를 거슬러 올라갔다가 스르륵 내려오는 액티비티다. 모든 출입자는 의무적으로 구명복을 입어야 하고, 18세 이하의 개인은 출입할 수 없다.

사해死海, Dead Sea…
바다보다 낮은 호수

'요단강을 건넌다.'라는 말이 있다. 이는 죽음의 경계를 넘어 천국으로 간다는 말이다. 그 요단강이 '요르단강'이고, 이로부터 요르단이란 국가 명칭이 생겼다. 요르단의 서쪽 끝에 사해가 있다. 사해는 염분이 많아 생물이 살 수 없고, 부력이 강해 사람이 둥둥 뜬다. 사해의 건너편은 이스라엘 땅이다.

베두인과 자말

낙타의 영어인 카멜camel의 어원은 아랍어 자말gamal이다. 와디 무지브와 사해 주변의 도로에는 낙타, 말, 염소, 양 등을 키우는 베두인Bedouin족이 많다. 유목민인 베두인과 정주민인 아랍인은 서로 다른 민족으로 구분한다. 전 세계적으로 약 2천만 명이 있다.

와디 무지브의 강물은 해발고도가 '-430m'에 있는 사해로 내려간다.

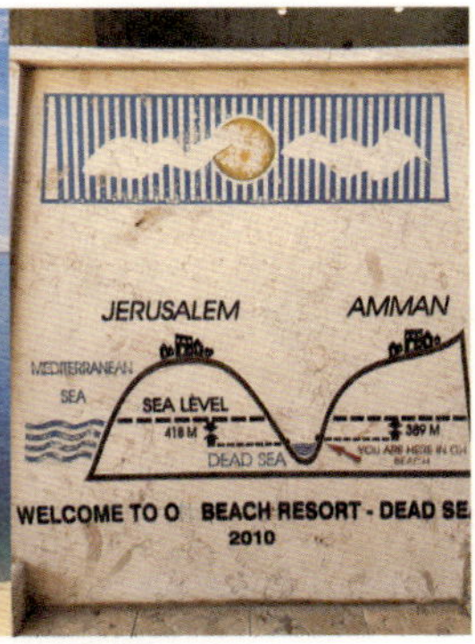

사해는 소금바다
사해의 소금 함량은 33%에 달해 생물이 살 수 없어 '죽은 바다[死海]'라고 부르지만, 이곳에서도 생존하는 박테리아가 있다고 하니 대단하다. 최근 이곳으로 유입되는 강물을 생활용수와 농업용수로 사용함에 따른 수량 감소로 호수 면적이 크게 감소하고 있다. 물은 더 짜질 것이다. 사진의 건너편은 이스라엘 땅이다.

사해는 침대
사해는 소금기가 많아서 부력[浮力]이 강하다. 그래서 사람 몸이 페트병처럼 둥둥 뜬다. 강한 소금 성분이 눈에 들어가면 너무 따갑고 쓰려서 텀벙텀벙 수영하는 사람은 없다. 바닥에는 소금 알갱이들이 날카롭게 응고되어 있어 신발을 신어야 한다.

사해가 바다보다 낮아진 이유는 무엇일까? 지각 활동을 하던 아라비아판과 아프리카판이 북쪽으로 이동하다가 둘의 이동속도가 달라 어긋나면서 깊게 파인 곳이 생겼다. 이때 지중해의 바닷물이 흘러들어 호수가 되었다. 이후 이 지역의 기후가 더워지면서 물이 증발하기 시작했고, 결국 바다보다 소금 성분이 7배나 높아져 생물이 살 수 없는 죽은 바다가 되었다.

요르단의 수도 암만 Amman

암만의 중심에는 시타델Citadel(성채)이라고 부르는 언덕이 있고, 여기에 옛 로마제국의 유적이 남아 있다. 사진의 헤라클레스 신전 오른쪽으로 암만 시내가 보인다. 19개의 커다란 언덕마다 고만고만한 집들이 빼곡하게 박혀 있다. 홍수 때 범람하기 때문에 언덕 아래에는 집이 없다.

사해는 정말 '죽은 바다'가 될지도 모른다. 주변의 개발로 수량이 감소해서 수위가 점점 낮아지고 있기 때문이다.

페트라Petra 세계문화유산

붉은 바위산을 깎고 파내어 조각한 거대한 고대 도시

아드 디에르 Ad Dier **수도원**

페트라 입구에서 2시간쯤 걸어 산 정상에 오르면 바위를 깎아 들여앉힌 아드 디에르(수도원)가 있다. 페트라에서 가장 규모가 큰 기념물로 높이 48m, 폭 47m다. 조금 더 올라가 언덕의 정상에 서면 365도를 빙 둘러 페트라의 거칠고 황량한 산악 풍경이 조망된다.

페트라는 '바위'라는 뜻으로 약 2천 년 전에 아랍의 유목민 나바테아인Nabataeans들이 건설한 산악도시다. 사막의 모래가 압축되어 만들어진 사암砂岩 지대를 쪼개고 다듬어 수많은 건물과 시설을 조각했다.

시크Siq

페트라 입구의 좁은 통로는 세계의 대표적인 시크다. 커다란 바위산에 틈이 생기고 물이 흘러 깊게 파이고, 밤낮의 기온 차이에 의한 수축과 팽창으로 바위 표면의 알갱이들이 깎여나가면서 만들어진 협곡이다. 마치 거대한 바위를 도끼로 쪼갠 듯하다. 1.2km에 달하는 시크의 곳곳에 바위에 새긴 유적이 많다.

도시에는 다양한 양식의 사원과 신전, 궁전, 목욕탕, 무덤, 원형극장, 빗물 저장고 등이 들어서 있다. 아랍인들의 정교한 건축술과 예술적인 재능이 붉은 절벽과 거대한 바위 안에 잔뜩 새겨져 있다.

페트라는 아라비아의 향료와 인도의 보석, 중국의 비단을 거래하던 실크로드의 길목이었다. 수백 마리의 낙타에 짐을 잔뜩 싣고 온 대상隊商들이 물건을 거래하고 정보를 교환했던 상업 도시였다. 그러다가 무역의 쇠퇴와 함께 도시도 쇠락하고, 지진으로 대부분의 건물이 무너진 후 천 년 이상을 묻혀 있다가, 19세기 초에 세상에 드러나기 시작했다. 현재까지 800여 채의 건물이 발굴되었으나 아직도 도시의 80%는 흙과 모래 속에 묻혀 있다.

시크 끝의 알카즈네 Al Khazneh

높고 깊고 좁은 골짜기 시크Siq를 걸어가면 그 끝에, 거대한 바위 속에 들어앉은 알카즈네(보물창고 The treasury)가 턱! 하고 나온다. 컴컴한 골짜기에서 갑자기 햇빛이 쨍하게 비치는 공간으로 나가 만나는 건물이라 더욱 놀랍다. 높이 43m, 폭 30m이니 12층 높이의 웅장한 건축물이다. 바위를 파서 만든 건물이지만, 밖에서 만들어 들여앉힌 듯 정교하고 입체적이다.

페트라로 가게 하는 '요르단 패스'

지형이 온통 붉은 사암이라 '장미의 도시'로 불리는 페트라는 '세계의 새로운 7대 불가사의'로 꼽히는 국제적 관광지다. 요르단 정부는 외국인 방문객들에게 비자 대신에 '요르단 패스(페트라 포함 관광지 입장권)'를 사도록 권유한다. 비자 발급 비용과 페트라 입장료를 합한 가격보다 저렴한 이 패스(13~15만원)를 사면 다른 여러 곳의 관광지도 무료입장 '혜택'을 준다. 따라서 페트라를 방문하는 사람은 물론, 방문계획이 없던 사람들까지도 요르단 패스를 구입해서 페트라로 가게 하는 효과가 있다. 공항에는 요르단 패스를 가진 사람들이 신속하게 입국 심사를 받도록 돕는 별도의 통로가 있다.

에필로그

마지막 남은 자연! 우리의 국립공원

자연과 함께하는 인생을 살면서, 자연이 아파하는 현장을 가까이 보면서, 그리고 자연의 한 조각이 사라지는 현장도 보면서 "국립공원은 인류가 생각해 낸 최고의 아이디어"라는 말이 실감 났다. 국립공원마저 없었다면 이 책에 담긴 아름다운 자연과 풍경은 남아있지 않았을 것이다. 자연으로부터 위로받고 활력을 되찾는 인간의 정서는 무척 거칠어졌을 것이다.

그러나 '마지막 남은 자연' 국립공원에도 위기가 닥치고 있다. 점점 더 많은 사람들이 깊숙한 곳까지 들어가 상처를 내고, 가장자리는 도시와 도로의 영향으로 몸살이 나고, 간신히 숨어서 움츠리고 있는 생물들에게는 서식지 축소와 환경 악화가 지속되고 있다.

국립공원 바깥의 자연 위기는 이제 재난 수준이다. 그간의 과도한 개발과 남용은, 자연의 회복력을 완전히 넘어서서, 지구가 점점 뜨거워지는 기후 재난으로 나타나고 있다. 전례 없는 산불·가뭄·홍수·지진·폭염·한파로 사람도 생물도 고통의 수렁에 빠지고 있지만, 당장의 대책은 없다. 시냇물을 떠먹다 이제는 물을 사 먹는 것처럼, 앞으로는 공기와 햇빛도 돈을 주고 사야 할 시기가 올지 모른다,

더 많은 국립공원과 보호지역을 지정하고 서로 연결시켜야

인류가 직면한 이 위기를 벗어날 방도는 무엇인가? 루소의 말이 생각난다. "자연으로 돌아가라!" 우리나라에서 자연이 마구 훼손되던 시기에 유행했던 슬로건이 생각난다. "사람은 자연보호, 자연은 사람 보호". 현재 시점에서 말하자면 이렇다. "더 많은 국립공원과 보호지역을 지정하고, 그것들을 모두 연결시켜라."

이 말은 이미 세계 도처에서 진행되고 있다. 세계 최초의 옐로스톤 국립공원은 지리산 면적의 19배 넓이지만 늑대와 들소 등 대형 포유류가 안정적으로 살기에는 너무 좁다고 판단하고 있다. 그래서 주변의 다른 국립공원과 보호지역을 묶어서 옐로스톤 면적의 10배에 이르는 '그레이트 옐로스톤 생태계'를 지정하여 공동관리하고 있다. 중국과 러시아도 두만강 인근의 국경에 호랑이와 표범을 보호하기 위한 거대한 국립공원을 지정해서 두 공원을 서로 연결시켰다. 이처럼, 세계의 대부분 국립공원과 보호지역이 서로 연합해서 '보다 넓은 생태계'를 만들어 협력하고 있다.

우리나라는 아직 그렇게 하지 못하고 있다. 백두대간이라는 훌륭한 연결로가 있지만, 백두산에서 지리산에 이르는 척추 전체를, 그리고 척추에서 갈라지는 갈비뼈인 13개 정맥을 하나로 묶어 보호하지 못하고 있다. 관련되는 기관들의 합심과 여러 지역사회의 공감대가 필요하다.

지리산 국립공원

노고단에서 바라본 지리산 능선. 왼쪽에 펑퍼짐한 반야봉, 가운데 끝에 천왕봉이 보인다. 여기서 천왕봉까지는 25.5km. 산을 좋아하는 사람이라면 누구나 한 번쯤 걷고 싶은 능선길이 절반쯤 구름에 잠겨 있다. 거곳에 대한민국에서 가장 많은 야생생물들이 서식하고 있고, 또한 대한민국의 굴곡진 역사와 민족의 영혼이 잠겨 있다. 그래서 민족의 영산靈山이라 부른다.

자연과 사람의 공존을 위해서는 사회적 소통이 필요

우리나라 국토는 '비단에 수를 놓은 것처럼' 아름다운 금수강산錦繡江山이었고, 호랑이에게 물리는 사람이 많았다고 할 만큼 야생이 살아있던 땅이었다. 그러나 일제강점기 때의 자연 수탈과 한국전쟁, 이후의 산림벌채와 혹독한 밀렵, 그리고 덤불숲까지 땔감 용도로 잘려 나가 전국의 산이 민둥산이 되는 아픔을 겪었다. 그나마 남아 있던 명산마저 개발의 손길이

설악산 국립공원 토왕성폭포
아이맥스 영화인가! 화채봉에서 3단으로 떨어지는 높이 325m로 동양 최대의 폭포다. 금강산의 구룡폭포, 개성의 박연폭포, 설악산의 대승폭포 등 한국의 3대 폭포를 합한 것보다 규모가 크고 웅장하다. 설악동 소공원에서 육담폭포와 비룡폭포를 거쳐 900개의 계단을 오르면 토왕성폭포 전망대가 나온다. 설악산은 산을 좋아하는 사람은 누구나 사랑에 빠지는 불꽃 같은 명산이다.

미치자 "이곳만은 안 된다."며 국립공원 지정을 통해 더 이상의 자연 파괴를 막았다.

1967년 지리산을 최초의 국립공원으로 지정한 후 현재까지 24개의 국립공원이 지정되었고, 매년 4천만 명 이상의 국민이 다녀가고 있다. 한국의 국립공원에는 한 폭의 동양화같이 아름다운 자연이 있고, 그 속에 한국인의 문화와 정서가 듬뿍 배어 있다.

좁은 국토에 남아 있는 하나하나의 자연은 너무도 소중하다. 그러나 자연을 자연 그대로 보호하는 것은 쉽지 않다. 국민의 여가 수요를 받아

북한산 국립공원
북한산의 남쪽 향로봉에서 북쪽으로 우람한 산체山體를 바라본다. 저 멀리 하얗게 빛나는 백운대에서 수없이 뻗어 나간 산줄기들의 화강암 이마가 번들번들하다. 그 밑으로 척박한 땅을 아랑곳하지 않는 소나무와 참나무들이 알알이 들어차 빼곡한 숲을 이루었다. 세계 최고의 인구밀도 도시에서 존재하는 것 자체로 고마운 산이다. 세계가 부러워하는 도시의 오아시스다.

내야 하고, 토지소유자와 지역사회 등 이해관계자들의 요구를 들어주어야 한다. '말 없는' 생물들의 간절한 눈빛도 외면할 수 없다. 그래서 자연관리는 필연적으로 보전과 이용의 갈등을 내포하고 있다. 갈등 해소 방안은 '조화와 공존'이다. 핵심적인 자연은 엄정하게 보존하고, 사람 이용은 자연에 부담을 최소화함으로써 자연과 사람의 공존을 추구하는 것이다.

'자연과 사람의 공존'을 모범적으로 이행하고 있는 캐나다 국립공원에 가서 '공존'의 비결을 물으니, '사회와의 소통'이 가장 중요하다고 답했다. 사람들은 아름답게만 보이는 자연 안에서 어떤 일이 벌어지고 있는지 모른다는 것이다.

자연이 파괴되고, 물과 공기가 더러워지고, 야생동식물들이 사라지고, 그래서 결국 관광객도 찾아오지 않고 지역 주민도 살기 어려워지는 그런 상황을, 사회가 충분히 알 수 있도록 소통해야 한다는 것이었다. 사회를 잘 이해시켜서, 국립공원의 자연이 회복되고 사람들에게도 혜택을 주는 일에 충분한 예산과 인력이 확보되도록 해야 한다는 것이었다.

국립공원이 지켜준 자연에서
사람도, 생물도 자유와 평화를 마음껏 누리도록

이 책이 그런 소통 중 하나가 되기를 소망한다. 이 책에 수록된 글 한 줄 한 줄과 사진 한 장 한 장에는 아름다운 풍경을 예찬함과 아울러, 그 풍경과 생태계가 오래도록 남겨지기를 바라는 뜻이 담겼다. 그래서 독자 중 누군가는 "마지막 남은 자연! 이곳만은 지켜내자."라는 공감을 해주고, 그런 울림이 모이고 모여, 사회적 공감대가 형성되기를 바란다. 그렇게 해서 국립공원을 비롯한 세계의 자연유산이 온전하게 보호되고, 잘 보호된 자연이 우리 사람에게도 커다란 혜택을 주기를 바란다. 국립공원이 지켜준 자연에서 맑은 공기와 따사로운 햇빛, 자유와 평화를 마음껏 누리게 되기를 소망한다.

사진 제공

국립공원공단 YB

강승부 / 권혁균 / 김철 / 나공주 / 박기연 / 박병락 / 박진철 / 손영조 / 송병용 / 신용석 / 신석재 / 신성희 / 신준범 / 신지환 / 이광수 / 이민숙 / 이태승 / 임형운 / 장정재 / 정순옥 / 정종관 / 정주영 / 채명우

Adrien stachowiak / Agnieszka bacal / Albrecht fietz / Alexgan / Altaihunters / Andrei Marhotin / Anton Zelenov / Arthur F perier / Asadal / Astro alex / benjamint444 / Bicho raro / Bob / C. Jones / Charlie fong / Charlie pauly / Christian Horz / Cn0ra / Coulanges / Cristopher Moswitzer / David Stanley / Deeperson Mitra / Dudva / E. Smar / Effi Schweizer / Felipe Cruz / Filip fuxa / Fokkebok / Georgiana petec / Gilberto Mesquita / Harke / Hans Lozza / High Spirit Treks / horstmueller / hu chen / Ibex73 / ignacio estevo / Ignaz / Igor sporynin / irina shishkina / J. Oliver / J. Sumerling / Javier pinochet / Javier turpain / Jerry界 / Jordy Meow / Kevin Schmid / Liz Carlson / Lukasz novaki / Marc Foggin / Makalu / mark mc neill / matt gross / memorycatcher / mike swigunski / Mollyroselee / muller / mumemories / Natalia Kollegova / nbthang / Neil Palmer / Nelynnnnn / Nevit Dilmen / Nick Acheson / Nido huebl / Olga Ernst / Ondrej prosicky / P. Travelart / panayota / Pavelblazek / Peter Bowers / Peter Burian / reese braam / Riddick Soad / Robert dickinson / Sadaka / Saeschie Wagner / Salah Labbat / Sergey pesterev / Serouj Ourishian / Shashank kumar / 시그마64 / stephan bechert / Thi / ThomasHA / Tonti / Trever mckinnon / Tucker / Tunatura / venkat jay / wonderlustpicstravel

사진 출처

alittleofftrack.com / Department of Conservation New Zealand / en.namu.wiki / en.wikipedia.org / flickr.com.photos. / Great South / istock / leopard-land.ru / mountkinabalu.com / National Park Service / news.cgtn.com / northumberlandnationalpark.org.uk / pixabay / Schweizerischer National Park / shutterstock / unsplash

참고문헌

국립공원 이해와 관리, 자연과생태, 신용석, 2016
내셔널지오그래픽, 2022.3
내셔널지오그래픽 트래블러, 2023.11
더 사이언스 타임스, 2025.9.4
명품 국립공원 설악산과의 대화, 신용석, 수문출판사, 2009
빌 브라이슨의 대단한 호주 여행기, 빌 브라이슨, 2015
세계 100 국립공원 여행, 신용석, 하움출판사, 2025
신용석 레인저가 떴다, 2022, 뉴스1 (연재물)
연합뉴스, 2023.12.25.
이영철, 2022, 투르 드 몽블랑, 꿈의지도
「이즈의 무희」, 가와바타 야스나리(1926), 신인섭 옮김, 을유문화사, 2021
지구과학산책, 네이버블로그
천천히 걸어 희망으로, 쿠르트 파이페, 송소민 옮김, 서해문집, 2009
킬리만자로의 눈, 어네스트 헤밍웨이(1936), 정영목 옮김, 문학동네, 2012

Canopy, 2010, Canada's National Parks : A Celebration
blog.naver.com/helplife
blog.naver.com/skrmsp24 ... 식물병 해충 연구
National geographic, June 2025
National Science Review, Volume 9, Issue 10, October 2022

http://www.civicnews.com 박창희, 2023, 몽골 견문록
http://www.waddensea-worldheritage.org

https://commons.wikimedia.org

https://international.visitjordan.com/Wheretogo/Wadi-Mujib

https://national-parks.org

https://visuals.greatsouth.nz

https://www.icelandtravel.is/tours/golden-circle-afternoon

https://www.dolomitipark.it

https://www.parks.swiss

https://www.schwarzwaldportal.com

세계 33 국립공원 여행

인쇄 / 2025년 12월 10일
발행 / 2025년 12월 20일

글쓴이 / 신용석
펴낸이 / 이수용
기획 / 국립공원공단, 국립공원협회
교정 교열 / 신희천
편집디자인 / 장원석
마케팅 / 이호석
인쇄제본 / (주)상지사 P&B

펴낸곳 / 수문출판사
출판등록 1988년 2월 15일 제7-35호
주소 (우26136) 강원특별시 정선군 신동읍 소골길 197
전화 02-904-4774, 033-378-4774
블로그 blog.naver.com/smmount
이메일 smmount@naver.com

ISBN: 979-89-7301-205-3 03980